여자
마흔다섯
마흔아홉

호리카와 나미 지음 | 서현주 옮김

라의눈

시작하며

　마흔다섯쯤 되니 아이들 키우는 일이 어느 정도 안정되기 시작했다. 동시에 어느새 50대, 60대가 코앞으로 다가왔다. 앞으로 나는 어떤 모습으로 살아가게 될까. 미래의 모습이 도무지 그려지지 않았다. 20년 가까이 집이나 동네 근처에서만 생활해 왔다. 언제부턴가 세상과 나를 이어주는 연결고리가 툭 끊어져 버린 것 같아 불안했다.

　젊은 시절의 일기를 꺼내 읽다가 문득 한 구절이 눈에 들어왔다. '인생의 주인공은 바로 나.' 돌이켜보면 언제나 나 자신은 뒷전인 삶이었다. 아이가 아프면 회사에 월차를 내더라도 반드시 병원에 데려갔지만 정작 내 건강검진은 나중으로 미뤘다. 뭔가 새로운 취미를 배우고 싶어도 역시 내 취미보다는 아이들 학원이 먼저였다. 여행도 내가 가고 싶은 곳보다는 부모님들이 좋아하시는 곳으로 정했다. 나는 그저 동행하는 정도에 만족했다. 이것이 지금 나에게 주어진 역할이자 행복이라고 여기면서…. 물론 기쁘고 행복했던 순간들도 많았다.

내가 이런 생각하는 걸 알게 된다면, 우리 가족들은 "엄마가 뒷전인 적은 한 번도 없었거든!" 하며 핀잔을 줄지도 모르겠다. 하지만 내 입장에서 나는 항상 2순위였다. 늘 '난 됐으니까 가족 모두 파이팅!'이란 마음으로 살아 왔다.

그렇게 주위의 상황들이 하나둘씩 안정되어 갔지만 애써 모른 척 하던 불안감이 조금씩 커지기 시작했다. 집 문제와 건강 문제, 그리고 일과 가족에 대한 불안들. 내가 우리 가족의 중심에 서 있다는 사실은 분명하지만 계속해서 의문이 들었다.

나 정말, 이대로 괜찮은 걸까?

이미 세상과 단절되어 버린 것은 아닐까?

이러다가 나 혼자만 뒤처지면 어떡하지?

활동 범위를 넓히고 생활의 방식을 바꿀 필요가 있었다.

이제는 눈앞에 놓인 걱정과 제대로 마주해야겠다는 생각이 들었다.

마음이 초조하니까 불안감도 더욱 커져갔다.

하지만 달리 생각해 보면 지금 이 순간과 앞으로의 삶이 내 인생에서 가장 여유로운 시간일지도 모른다. 무리하게 일을 벌일 수야 없겠지만 이제까지 쌓아온 경험도 많고 어지간한 것은 충분히 해낼 자신도 있다. 워낙 오랜만에 가지는 나만의 시간이라 기대감과 외로움 사이에서 잠시 혼란스러워 하고 있는 것뿐이리라.

지금의 이 여유를
나를 위해 투자하자.

편안하고 느긋하게, 진짜 나다운 50대, 60대를 즐길 수 있
도록 할 수 있는 모든 일을 찾아보자. 이러한 일념으로 그만둔 일이
나 방법을 바꾼 일, 혹은 새로 시작한 일 중에서 이것만큼은 꼭 공
유하고 싶은 내용들만 골라 이 책에 담았다.

'좀 더 일찍 시작할걸 그랬네!'라고 감탄할 만한 '대충 넘기기 기
술'부터 요즘 들어 부쩍 실감하게 된 좋은 습관들, 그리고 줄곧 해
야겠다고 결심만 하던 일들을 직접 해 보고 좋은 결과를 얻었던 경
험들까지 다양하게 소개한다.

지금 나에게 가장 필요한 것은 나를 위해 한 발 내딛을 수 있는
용기다. 젊은 시절 그랬던 것처럼 이제 다시 내 인생의 주인공이 될
차례다.

🌸 차례

1 가사—— 엄마란 역할에서 서서히 벗어나자

2 몸—— 새로운 변화, 새로운 케어

3 옷 ────── 내일의 나를 위한 멋 내기

4 호기심 — 10년 후에도 알찬 하루를 보낼 수 있는 노하우

자신을 소중하게 대하기 위한
48가지 체크 리스트

어려운 것도 아닌데 중요한 일에 밀리고,

가족에게 해주고 싶은 다른 일들에 치여서 무성의한 대접만 받아오던 나.

여기서 잠깐 나 자신에게 질문을 던져 보자.

- 최근 내 몸을 거울에 비춰본 적은?

- 다음 미용실 방문은 언제?

- 친한 친구 생일날 스케줄은?

- 씨앗부터 식물을 키워본 적은?

- 오늘 물을 몇 잔이나 마셨나?

- 자기 전에 깊은 심호흡을 했나?

- 욕실 벽과 바닥은 제대로 청소했나?

- 새로운 노트가 생기면 무엇을 쓰고 싶나?

- 갈색 마스카라를 사용해 본 경험은?

- 스마트폰 없이 외출한 경험은?

- 스마트폰 안에 필요 없는 사진들이 많지는 않나?

- 1년 이상 사용하지 않은 화장품은 없나?

- 요즘 어떤 생선이 제철인지 알고 있나?

- 선크림을 생략하지는 않나?

- 바른 자세를 의식하고 있나?

- 나이 차이가 많이 나는 친구가 있나?

- 오늘 몇 걸음이나 걸었나?

- 올해 건강검진은 예약했나?

- 지금 갖고 싶은 물건은 몇 가지?

- 오늘은 몇 명과 대화를 나눴나?

- 꼭 하고 싶은데 나중으로 미루고 있는 일은?

- 최근 영화관에서 영화를 본 것은 언제?

- 어릴 때부터 지금까지 쭉 좋아하는 것은?

- 메이크업을 배워본 적은?

- 누르면 시원해지는 내 몸의 혈자리는 어디?

- 돌아오는 생일에 받고 싶은 선물은?

- 식사는 제대로 하고 있나?

- 양치할 때 치실을 쓰고 있나?

- 인생의 롤 모델은?

- 새로 배워보고 싶은 것은?

- 예전부터 꼭 정리하고 싶었던 장소는?

- 어젯밤에 뜬 달의 모양은?

- 오늘 큰소리로 웃었나?

- 발바닥이 거칠거칠하지는 않나?

- 샴푸나 비누는 내 피부에 잘 맞나?

- 나를 릴렉스 시켜주는 향기는?

- 10년 전보다 몇 킬로그램이나 늘었나?

- 최근 부모님께 드린 안부전화는 언제?

- 새로운 레시피에 도전하고 있나?

- 식사와 음주량은 잘 조절하고 있나?

- 여행을 간다면 누구와 어디로 가고 싶나?

- 정말로 하고 싶지 않은 집안일이 있다면?

- 5년 전보다 유연성이 떨어지지는 않았나?

- 가장 마지막으로 편지를 쓴 것은 언제?

- 속상한 일이 있으면 혼자서 참는 편인가?

- 지금 나를 사랑해 주는 사람은?

- 10년 후의 가족들은 어떻게 달라져 있을까?

- 집 안에 나만의 휴식 공간은 어디?

조금씩 '엄마 탈출'을 시작해 보자

아이가 중학교를 졸업하면 엄마가 신경 써야 할 일이 많이 줄어든다. 학업 문제나 금전적인 부분에서 아직은 지원이 필요하지만 아이 본인도 가정에서 사회로 관심사가 달라진다. 부모에게 의지할 날도 이제 몇 년 남지 않았다. 그 후에 나는 어떻게 되는 걸까? 번 아웃 증후군에 시달리는 것은 아닐까? 아니면 오히려 의욕이 지나쳐서 생활의 밸런스를 무너뜨리는 것은 아닐까? 마음속 불안감이 점점 커져갈 때면 '아직 멀었는데 뭐' 하면서 어물쩍 넘어가 버린다.

생활의 대부분을 할애해 온 가사와 육아에 대해 언젠가는 다시 생각해 봐야 할 시기가 찾아온다. 다만 그때가 언제인지는 정확히 알 수 없다. 또한 그 시기에 임박해서 갑작스레 변화를 주기도 쉽지 않다. 그렇다면 할 수 있는 일부터 서서히 바꾸거나 버려야 한다는

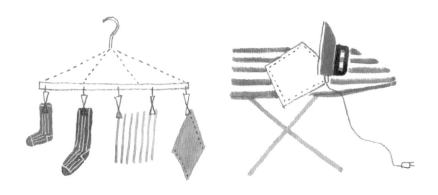

생각이 들었다. 지금 이 시기는 아이가 완전하게 독립할 때를 준비하는 기간인지도 모른다.

새로운 마음으로 집안을 둘러보니 이제껏 거의 혼자서 짊어져 온 가사일 중에 '슬슬 그만둬도 되겠네' 혹은 '좀 더 쉬운 방법으로 바꿔볼까'란 생각이 드는 것들이 곳곳에 있었다. 이유는 다양했다. 아이가 크면서 더 이상 필요 없어진 일도 있고 나 자신이 체력적으로 감당하기 어려운 일도 있었다. 애초에 별로 효과적이지도 않은데 어쩌다 보니 계속 해 오던 일도 많았다.

그렇다고 그런 일들은 갑자기 그만둬 버릴 수는 없다. 배가 고프면 밥을 먹어야 하고, 밥을 먹으려면 장을 보고 요리를 해야 한다. 밥을 다 먹으면 설거지와 뒷정리가 남아 있다. 빨래도 해야 하고 청소도 해야 하고 재활용 쓰레기도 버려야 한다. 살아가는 한 집안일은 계속 생겨나고 누군가 하지 않으면 집안은 엉망이 될 것이다. 건강한 생활이란 집안일을 즐거운 마음으로 해 나가는 과정이란 생각도 든다. 다만 이제까지의 책임감은 털어버리고 조금 가벼워져도 되지 않을까. 그러려면 가사일의 방법과 횟수를 다시 생각해봐야 한다. 매일 아침저녁으로 청소하고 세 끼 식사를 만들면서 즐거울 수는 없을 테니까. 아이들이 내 품을 할 후에도 나답게 살 수 있도록 예행연습을 시작할 때이다.

다시 생각해 본 것들

- 요리의 횟수와 방법
- 청소 도구와 청소법
- 아이에게 물려주고 싶은 물건과 생활의 지혜
- 나에게 편안한 집으로 만들려면?
- 대충 넘어가도 되는 경우는?
→ 자세한 내용은 1장(p.27)으로

내 몸의 상태는 어떤가?

30대에 들어설 때도 몸의 변화가 있었지만 마흔 다섯을 넘기면서 느끼는 것은 차원이 다르다. 시력과 체력의 저하도 그렇고 피부며 머리, 치아까지 끝이 없다. 더 이상 거부하기보다 받아들일 수밖에 없는 변화라서 요즘에는 조바심을 내지 않는다.

하지만 한물갔다며 포기할 것이 아니라 현재 나에게 맞는 새로운 방법을 시도하다 보면 감동할 정도로 개선되기도 한다. '병은 마음 먹기 나름'이라고들 하지만, 반대로 몸이 건강해지면 마음도 즐거워진다는 사실을 경험했다. 이렇게 몸과 마음은 하나로 이어져 있어서 너무 늦지 않게 몸과 마음의 건강을 관리하는 것이 중요하다.

하지만 솔직히 나는 뼛속까지 게으른 사람이다. 산책도 운동도 질색이라 지금까지 피해 왔는데, 내 나이 또래 친구들을 만나면 모두들 입을 맞춘 듯 요가를 시작했다고 했다. 그렇게나 건강에 좋다면 시범 강습 정도는 들으러 가 볼까 싶어서 신청을 했다. 진지하게 내 몸과 마주하는 생애 첫 도전이었다.

그런데 다음날 납덩이처럼 무거웠던 내 몸이 한결 가벼워진 것이 아닌가! 아무래도 몸속 근육들이 늘어나면서 나도 모르게 여기저기 움직일 수 있는 범위가 넓어진 모양이다. 이렇게나 빨리 효과를 보다니, 기쁜 마음에 기분까지 긍정적으로 바뀌고 그런 나 자신에게 스스로도 감동을 받았다. 그 후로 요가에 푹 빠져 지낸다. 현재는 주 1회 1시간 수업을 듣고 있다. 금방 싫증내는 성격이지만 자전거로 다닐 수 있는 거리라서 꾸준히 할 수 있었다.

요가를 할 때마다 '내 몸에 이렇게 늘어나는 근육도 있구나'란 사실을 새삼 깨닫는다. 마치 집안 구석구석을 청소하는 기분이다. 요가 하는 친구들끼리는 "우린 지금 앞으로 들어갈 병원비를 줄이고

있는 거야"란 기대 섞인 대화를 나누기도 한다. 앞으로도 무리하지 않는 선에서 꾸준히 해 볼 생각이다.

요가가 내키지 않는다면 댄스 스포츠나 배드민턴 같은 운동도 괜찮다. 중요한 것은 무엇을 하느냐가 아니라 일단 시작하는 것이니까. 단, 계속하기 위해서는 즐거움이란 동력이 필요하므로 자신이 충분히 즐길 수 있는 운동을 찾아야 한다. 어떤 운동이든 꾸준히 하면 몸이 바뀌고 기분이 바뀐다.

시도해본 일

- 피부에 맞는 비누, 샴푸, 흰머리 염색
- 눈을 보호하는 텔레비전 시청 방법
- 나쁜 컨디션을 악화시키지 않는 방법
- 불안감이 커졌을 때 진정시키는 방법
- 건강한 다이어트

→ 자세한 내용은 2장(p.69)으로

옷과 메이크업, 잘 하고 있는 걸까?

패션에 관해서 지금까지 4권의 책을 냈다. 패션에 관심이 많아서라기보다는 사십 줄에 들어서면서 지금까지 입던 옷이 도저히 어울리지 않게 된 것이 계기였다. 자주 입던 원피스만큼은 괜찮을 거라고 생각했는데 그조차 실망스러웠다. 어디서 많이 보던 옷을 입은 웬 낯선 사람이 거울 속에 서 있는 느낌이었다. 결코 '다시 여자로 돌아갈 거야'라는 거창한 마음이 아니다. 하지만 옷을 고르는 시간이 즐겁고 스스로에게 자신감을 가질 수 있다면 이보다 행복한 일이 또 있을까?

나를 꾸미는 것은 나이에 관계없이 설레는 일이다. 자신의 취향이 확고해진 나이인 만큼 옛날 스타일을 고집하다 보면 어색해 보일 수 있다. 이를테면 젊어서부터 좋아하던 브랜드라도 이제는 어울리지 않을 수 있고, 머리를 묶는 위치 역시 어딘가 표정을 어두워

젊었을 때부터 고집하던 스타일이
이제는 정답이 아닐 수 있다.

보이게 할 수도 있다. 그래서 젊은 시절과는 달리 한 발 물러나서 가족이나 판매원의 의견을 많이 참고하는 편이다.

객관적인 평가를 받으면 새로운 발견을 할 수 있고 패션 스타일의 선택지도 넓어진다. 미니멀리스트처럼 몇 가지 패턴으로 코디 스타일을 제한하는 것도 나쁘지 않지만, 47세인 지금의 나에게 어울리는 옷을 알아간다는 의미에서 가끔씩 신상을 구입한다. 마음에 드는 옷이 하나 늘어나면 메이크업과 헤어스타일에도 신경을 쓰게 되어 꾸미는 시간이 훨씬 즐거워진다. 유행에 민감할 필요까진 없지만 트렌드를 알기 위해 가끔은 백화점이나 의류 매장을 둘러보는 것도 좋다. 오프라인 매장이 부담스럽다면, 마음에 드는 인터넷 쇼핑몰을 몇 개 찜해 놓은 다음 가끔 검색해 보는 것도 좋다.

패션에 관한 안목이 좋아지면 나에게 맞는 옷을 선택할 확률도 높아진다. 요즘은 인터넷에서 네일용품을 구입할 수 있어 네일샵 수준의 케어를 집에서도 즐길 수 있게 되었다. 또한 패션 소품도 손쉽게 구입할 수 있다. 최신 정보는 딸에게 배우면서, 나만의 개성과 깔끔함을 모두 잡는 것을 목표로 자신을 꾸미고 있다.

알게 된 사실
- 현재의 나에게 어울리는 옷 스타일
- 깔끔한 느낌의 패션 소품 활용
- 핸드메이드 액세서리 사용 시 주의점
- 메이크업은 과할수록 결점이 드러난다.
- 건강한 신체가 무엇보다 중요하다!

→ 자세한 내용은 3장 (p.97)으로

Check 4

호기심을 느끼며 생활하고 있나?

'아이들이 완전히 독립하고 나면 난 어떡하지?' 하는 생각이 들 정도로 육아는 힘들기도 하지만 행복한 일이다. 얼마 전 손자를 본 여성분과 대화를 나눴는데 그분 말씀이 손자는 자녀를 키우는 즐거움과는 또 다른 느낌이라고 한다. 당연히 자녀와 손자 모두 예쁘지만 아무래도 손자는 내 뜻대로 할 수 없는 부분이 많아서 '잠깐 맡고 있는' 느낌이라는 것이다. 부모가 되면 누구나 아이에게 올인하기 마련이니 어느 정도 이해는 간다.

지금까지 살아온 인생의 절반을 육아에만 집중해 왔다고 생각하면 나 스스로도 감회가 깊다. 두 아이가 어른이 되면 '육아 완료' 기념도 할 겸, 인생의 다음 스텝으로 나아가는 나 자신을 위해 조촐한 파티라도 열어주고 싶다. 그때 나는 53세가 되어 있을 것이다. 앞으로 살아갈 인생에서 아이 키우기보다 더욱 몰두할 수 있는 무언가를 발견한다면 정말 좋지 않을까.

그만두었던 취미생활도 다시 시작하고, 5년 후에는 이렇게 살면 좋겠다 싶은 이상적인 삶의 모습도 종종 그려본다. 얼마 전 몇십 년 만에 만난 친구와 차 한잔 하면서 이런저런 희망사항에 대해 구체적으로 이야기를 나눴다. 지금은 계절에 따라 정기적으로 수공예 교실을 열어보면 어떨까 하는 야망을 품고 있다. 아직은 뜬구름 잡는 소리처럼 들리지만 의외로 이 야망이 정신적 지주 같은 역할을 해준다.

돈이나 건강 같은 걱정거리도 많지만 지금 할 수 있고, 해야 하는 가장 중요한 일은 호기심을 느끼며 사소한 일에도 즐거워할 줄 아는 사람으로 나를 새롭게 바꾸어 가는 것이다. 앞으로 꽃피울 행복의 씨앗을 뿌리는 마음으로 말이다. 부족하다고 불평하거나 더 많

은 것을 바라는 대신 작은 일에도 행복을 느낄 수 있는 바탕이 되어 줄 것이라 믿는다.

나이 든다는 것은 호기심이 무디어지는 과정일지도 모른다. 모든 것에 시큰둥한 사람이 행복감이라고 온전히 느낄 수 있을까. 길에 핀 작은 꽃의 이름을 찾아보는 것, 처음 본 채소나 과일을 장바구니에 담는 것, 유튜브를 시작해보는 것, 삶을 아름다운 음악으로 바꾸는 것은 호기심이란 음표들이다.

터득하게 된 것

- 혼자 식사하기
- 야간활동
- SNS나 인터넷 세상 알아가기
- 20년 만의 재회
- 가족 연표 그리기
→ 자세한 내용은 4장(P.119)으로

현재 우리 집은

나

47세 주부. 일러스트레이터.

남편

회사원. 평일에는 늦게 귀가한다.
집안일 중에서는 빨래를 잘한다.

딸

19세(대학교 1학년).
여행과 아르바이트로 정신없다.

아들

14세(중2). 인터넷 게임에 빠져 있다.
가끔 집안일을 돕는다.

1

가사 —

엄마란 역할에서 서서히 벗어나자

한 끼에 3색만
제대로 갖추면 OK

이제는 요리를 할 때도 너무 힘 빼지 말고 적당히 해야겠다는 생각이 든다. 가족 모두 자기 나름대로의 생활 스타일이 있고 귀가 시간도 제각각이기 때문이다. 가족이 함께 저녁식사를 하는 날은 1주일에 한두 번 정도가 되었다. 그렇다면 요리에 너무 공을 들이기보다는 영양 밸런스 정도만 맞춰도 괜찮겠구나 싶었다.

그래서 탄생한 것이 '한 끼에 3색이면 OK'라는 나만의 법칙이다. 이 법칙이 생각보다 꽤 실속 있고 효율적이다. 비타민과 단백질, 탄수화물, 지방 등 영양 밸런스도 잘 맞춰져 있고, 음식을 담아 놓으면 식탁도 화려해서 꾸준히 지키고 있다. 예를 들면 메인인 밥과 고기에 쌈 채소와 파프리카를 곁들이는 식이다. 이렇게만 해도 3색이 모두 갖춰진다. 시금치나 콩나물을 살짝 데쳐서 양념을 넣고 조물조물 무쳐주면 간단하게 나물 반찬 하나가 완성된다. 무, 오이를 소금과 식초에 살짝 절이거나 양배추를 살짝 볶아도 이미 3색을 갖춘 밑반찬이 만들어진다. 밥에 변화를 주는 것도 좋은 방법이다. 항상 먹던 백미에서 현미(갈색)나 고대미(흑미, 적미, 녹미 등)로 바꾸면 색다른 식탁이 차려진다.

요즘에는 화려한 색깔의 채소들도 많다. 노란색 당근, 보라색 콜리플라워, 오렌지색 배추 등 장을 볼 때도 색깔을 고려하면 똑같은 레시피로 새로운 요리를 만들 수 있다. [추천 상품 → 68페이지]

국 3찬을 매번 챙길 수는 없다

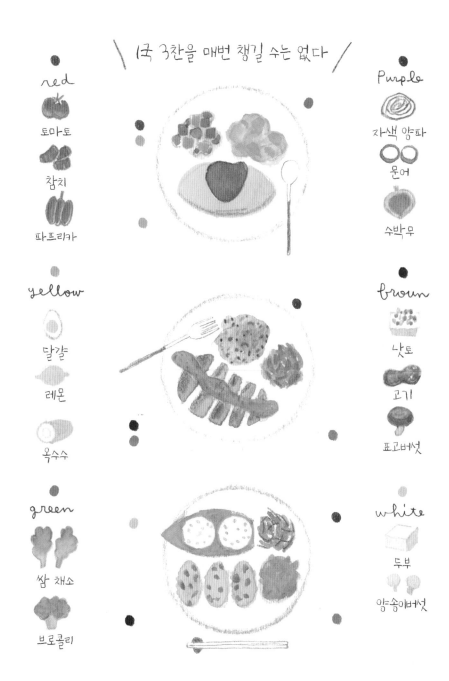

red
토마토
참치
파프리카

yellow
달걀
레몬
옥수수

green
쌈 채소
브로콜리

Purple
자색 양파
문어
수박무

brown
낫토
고기
표고버섯

white
두부
양송이버섯

때로는 '밀 키트'를
구입하자

요리 자체를 싫어하지는 않는다. 다만 매일 '오늘 저녁은 뭐 하지?'를 고민하는 것은 굉장한 스트레스다. 눈에 보이지는 않지만 고민도 엄연한 가사일 중 하나라는 생각이 든다. 그것도 20년씩이나 계속하다 보면 더더욱 그렇다.

그래서 요즘에는 밀 키트(meal kit)를 활용한다. 식사(meal)+키트(kit)라는 뜻으로 손질된 식재료와 딱 맞는 양의 양념이 들어 있다. 쿠킹 박스, 레시피 박스라고도 한다. 이것만 있으면 메뉴를 정해야 하는 괴로움에서 완전히 벗어날 수 있다! 나는 한 달에 두세 번 밀 키트로 요리하는데 가족들도 외식하는 기분이라며 매우 좋아한다. 정성스러운 레시피까지 들어 있어서 정말 만족스럽다. 중학생 아들도 거들어주니까 요리를 준비하는 시간도 줄었다.

샤브샤브처럼 재료 준비가 번거로운 메뉴, 감바스나 밀푀유처럼 쉽게 생각해내기 어려운 메뉴들도 있어서 기분이 좋아지는 새로운 습관으로 자리 잡았다. [추천 메뉴 → 68페이지]

집에 늦게 돌아와도
20분이면 두 가지 요리를
만들 수 있다.

캔 맥주 한 잔의
여유까지

레시피도
포함되어 있다.

부재중 레시피를 전수하자

　볼일이 있거나 너무 피곤해서 요리를 하지 못할 때, 아이들이 스스로 끼니를 해결할 수 있다면 엄마에겐 이보다 고마운 일이 없다. 밖에서 사 먹기도 하고 도시락을 사올 때도 있지만, 대학생인 딸아이는 유튜브나 블로그를 검색해서 한 끼를 뚝딱 만들어 먹는다. 문제는 중학생인 아들. 나만의 시간을 갖기 위해서라도 아들에게 몇 가지 요리 정도는 가르쳐야겠다고 생각했다. 게다가 요즘은 남자들이 요리하는 것이 당연한 시대 아닌가. 가사는 근력운동과 마찬가지라서 꾸준히 하면 무조건 잘하게 되어 있다.

계란 양파 덮밥

늘 냉장고에 있는 계란이 주재료라서 언제든 쉽게 만들 수 있고, 조리 시간도 20분이면 충분하다.

1. 팬에 푼 계란과 채 썬 양파를 넣고 스크램블을 만들어 그릇에 옮긴다.
2. 팬에 기름을 두르고 파를 볶다가 간장, 고춧가루를 넣는다.
3. 2에 스크램블을 넣고 잘 섞어 밥 위에 올린다.

장어 오이 덮밥

조금은 럭셔리한 영양 덮밥. 가스 불을 켤 필요도 없고 설거지거리도 많지 않아 좋다.

1. 오이에 소금을 뿌려 살짝 절인다.
2. 시판용 양념 장어를 토스터기나 에어프라이어에 넣고 굽는다.
3. 밥 위에 갓 구운 양념 장어를 올리고, 절인 오이는 물기를 거두어 그 옆에 올린다.

그래서 우선은 든든하면서도 간단하게 만들 수 있는 레시피를 전수해 주었는데 덮밥 종류가 대표적이다. 계란만 있으면 만들 수 있는 계란 덮밥은 아들이 가장 그럴싸하게 만들고 본인도 자신 있어 하는 메뉴다. 장어 오이 덮밥은 냉장고에 재료만 준비되어 있으면 그냥 밥에 얹고 끝이다. 소보로 덮밥은 난이도가 있어서 아직까지 제대로 된 맛을 못 내지만 나름대로 먹을 만하다.

마지막으로 넘어야 할 산이 밥인데, 우리 집에서는 뚝배기로 밥을 짓기 때문에 버튼 하나로 해결되지는 않는다. 그래서 쌀과 물의 비율, 불 조절 등의 방법을 메모해 냉장고에 붙여 놓았다. 전기밥솥을 사용한다면 한결 쉽게 밥을 지을 수 있고, 그것도 어렵다면 전자레인지용 즉석밥도 나쁘지 않다.

3색 소보로 덮밥

고기와 계란 등 단백질을 보충해주는 영양 식단. 색깔도 예뻐서 아이들이 좋아한다.

1. 간 고기에 설탕, 간장, 맛술을 넣고 볶는다.
2. 계란에 소금을 넣고 풀어 스크램블을 만든다.
3. 얇게 썬 피망을 볶아 소금으로 간한다.
4. 밥 위에 1, 2, 3을 색깔별로 올리면 완성.

네기토로동(일본식 참치 덮밥)

다진 참치가 주재료인 덮밥. 참기름만 더해줘도 색다른 맛을 느낄 수 있다.

1. 쪽파를 잘게 썬다.
2. 시판용 다진 참치에 썰어둔 쪽파와 참기름을 넣어 섞어둔다.
3. 밥 위에 2를 올리고 김 가루를 뿌려주면 완성.

이벤트 음식도 적절히 생략하자

전통 명절뿐만 아니라 생일, 입학, 졸업 축하파티에 할로윈에 크리스마스까지 아이들이 어릴 때는 거의 매달 무언가 이벤트가 계속 이어진다. 그러다 최근 몇 년 간은 설날과 추석, 아이들 생일 정도에만 온 가족이 모인다. '집'에서 '내가' 음식을 만들어야 한다는 생각에서 벗어나면서 가족 각자가 편안한 시간을 보내게 된 것이다. 적절히 생략한다는 원칙을 세우면 고민거리였던 명절과 이벤트도 여유만만해진다.

아이들이 크면서 벚꽃놀이, 단풍놀이는 부부만의 행사가 되었다. 간단한 다과만 챙겨서 가까운 공원으로 훌쩍 나들이 겸 다녀온다. 생일날에도 예전처럼 극성스럽게 상을 차리지 않는다. 그냥 지역 특산물로 유명한 고기나 해산물을 주문해서 편하게 즐긴다. 아들이 친구를 초대하면 피자 파티를 열어준다. 며칠 전부터 준비해야 하는 수고를 안 해도 되니 부담스럽지 않다. 다만 접시나 포크, 테이블 매트 등 아이들이 좋아할 만한 소품에는 신경을 쓴다.

이벤트의 수가 줄고 시간이 많아지면서 요리 하나하나를 여유롭게 준비할 수 있다는 것도 장점이다. 요즘은 이벤트 음식으로 무엇을 만들고 어떻게 장식할지 가족과 함께 관련 책도 찾아보고 함께 장을 보기도 한다. 평소의 끼니야 적당히 챙기더라도 모처럼의 기회이니 만큼 잘 활용해서 추억을 남길 수 있는 시간으로 만들면 좋지 않을까?

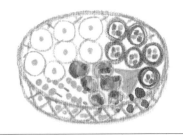

꽃놀이 도시락

졸업: 아이&엄마 모임처럼 많은 사람이 함께 움직이는 꽃놀이 모임은 졸업했다.

즐거움: 간단한 반찬이나 시중에서 판매하는 포장 요리로 어른들끼리 공원에서 즐긴다.

추천: 원형 대나무 바구니나 피크닉 바구니에 음식을 담기만 해도 분위기가 난다.

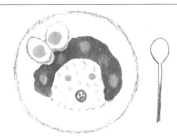

어버이의 날

생략: 아이들이 부모를 위해 저녁식사를 준비하는 유일한 날이다. 보통은 카레를 만들어 주는데 설거지까지 모두 아이들이 맡는다. 아이들이 만든 한 끼는 어떤 선물보다 훨씬 의미 있다.

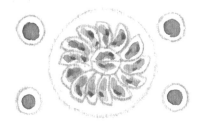

만두 파티

만들기: 몇 가지 재료로 간단하게 만두소를 준비하고 시판 만두피를 이용해 가족이 모두 함께 만든다.

즐거움: 깻잎, 새우를 넣어도 맛있다. 꽃이 핀 것처럼 프라이팬에 만두를 동그랗게 놓고 구우면 식탁의 분위기도 한층 업그레이드된다.

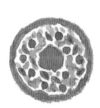

크리스마스 만찬

만들기: 샐러드. 어린잎채소와 방울토마토를 크리스마스 화환 모양으로 담는다.

생략: 로스트 치킨은 사서 먹는다. 시중에서 쉽게 살 수 있는데, 우리 집은 근처의 치킨 전문점에서 만든 것을 가장 좋아한다.

잘 가요, 순면 행주!

아이가 어릴 때 아토피가 있어서 수건 하나, 속옷 한 장을 살 때도 천연소재를 고집했다. 행주도 마찬가지라서 오랫동안 순면 100%의 행주만 사용했다. 순면이라서 음식의 물이 배면 쉽게 얼룩이 졌고 장마철엔 뽀송하게 마르지 않았다. 삶아서 소독하는 것이 좋은 것은 알지만 이 또한 쉬운 일이 아니었다.

모든 집안 살림을 내 손으로 하는 것도 즐거운 일이지만 '꼭 그것만이 정답일까'라는 의문이 생기던 즈음에 문득 깨닫게 된 것이 있다. 그 시절 나는 초보 엄마였고, 미숙한 상황에서 나름의 살림 방식을 찾다 보니 더더욱 친환경이나 천연소재에 집착했던 것이다.

30대 시절

목화솜 순면 행주

• 면 100%라서 편안한 감촉.
• 쉽게 더러워져서 삶아 쓰기가 힘들다.

극세사 행주

• 흡수성이 좋다.
• 빨리 말라서 세균 걱정이 없다.
• 더러워져도 바로 빨면 얼룩이 남지 않는다.
  (표백 NO!)

지금은 모든 일에 경험과 연륜이 쌓였고, 아이들도 성장해 아토피 걱정이 없으니 굳이 천연소재에 집착할 필요가 없었다.

그러던 어느 날, 유난히 깔끔을 떨던 한 친구가 극세사 행주가 최고라며 극찬을 했다. 기름때가 쉽게 닦여 싱크대 주변이 반짝반짝해지고 바로 빨기만 하면 얼룩이 남지 않는다는 것이다. 솔깃했지만 왠지 찜찜했다. 아마 알록달록한 색깔 때문이었던 것 같다.

그러다가 쇼핑몰에서 이거다 싶은 제품을 발견했다. 회색, 갈색 같은 차분한 색상들이어서 우리 집에도 잘 어울릴 것 같았다. 써 보니 신세계였다. 천연소재 사용을 진정한 살림꾼의 조건이라 믿어오던 내가 고집을 버리면서 진짜 쾌적함이 무엇인지 알게 되었다.

가족이 도와준다면
완벽하지 않아도 기쁘게

　육아와 관련된 일은 줄어들었지만, 날마다 생기는 집안일은 노력한다고 사라지는 것이 아니다. 식사 후의 설거지, 목욕 후의 욕실 청소, 네 사람 분의 빨래는 매일 이어진다.

　가족의 손을 빌려볼까 싶어 아들에게 설거지를 부탁했더니 설거지는 어찌어찌 했는데 가스레인지와 싱크대가 지저분했다. 딸에게 욕실 청소를 부탁하면 욕조 청소는 하지만 벽이나 배수구에는 손대지 않는다. 남편은 세탁기를 돌리고 빨래를 널어주긴 하는데 걷고 개켜서 옷장에 정리하지는 않는다. 좀 편할까 싶어서 부탁했는데 오히려 스트레스만 쌓였다. 그러다 어느 날 생각을 바꾸기로 했다. 눈앞에 쌓여 가는 집안일은 가족에게 맡기고 그 후의 마무리나 미흡한 부분은 내가 맡기로 했다. 처음부터 '분담은 여기까지'라는 명확한 기준이 있으니까 스트레스 받을 일도 없었다. 이제는 '수고했어', '고마워' 같은 인사말을 건넬 정도로 마음의 여유가 생겼다.

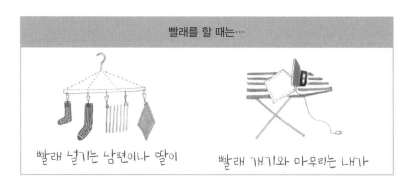

빨래를 할 때는…

빨래 널기는 남편이나 딸이　　빨래 개기와 마무리는 내가

설거지를 하는 사이에
가스레인지 주위나 음식을 치운다.

아들이
좋아하는
음악을 틀어놓고

혼자서는 잘 안 하지만
"이제 치우자"라고 하면 곧잘 도와준다.

하루쯤은
온전한 가사
OFF 데이로 정하자

하루 종일 뒹굴뒹굴
아무것도 안 한다.

집안일이나 작업을 하다 보면 육체적인 피로뿐만 아니라 머리가 아파 오기도 한다. 무려 20년이나 계속해 왔으니 그럴 만도 하다. 이제 슬슬 흐름을 바꿀 때가 되었다. 그래서 요즘에는 나 자신에게 최대한 너그럽게 대한다. 너무 열심히 해서 피곤한 날에는 하루 종일 마음껏 늘어진다. 내 몸이 잠시 쉬게 해 달라며 보내는 신호로 여기고 종일 잠옷 차림으로 지낸 적도 있다.

사실 가족들도 내가 늘어져 있으면 내심 좋아한다. 이래라 저래라 잔소리를 하던 내가 편안하게 있으면, 집안 분위기도 한결 누그러지고 가족들도 어딘가 여유로워 보인다. 아이들은 나에게 질세라 "그럼 나도 오늘은 하루 종일 게임 해야지" 하면서 마음 놓고 노는데 때로는 그것도 나쁘지 않은 듯싶다.

짜우 2

그래도 결국에는
내일부터
다시 '힘내자!'로
마무리한다.

아이들을 우선시하던 생활에서 나를 먼저 생각하는 생활로 돌아
가려는 움직임이 조금씩 자리를 잡는 것 같다. 소파에서 뒹굴뒹굴
하면서 내가 살아온 날들을 곰곰이 되짚어 본다. 누군가를 위해 살
아 온 20년 인생이라니 내가 생각해도 참 대단하다. 가사 OFF 데이
에는 식사 준비도 하지 않는다. 외식을 하거나 배달 음식을 먹고 내
일부터 다시 움직일 수 있는 에너지 충전의 날로 삼는다.

제대로 늘어지기 요령		
일이 계속 안 풀리면 지금은 그냥 그럴 때라며 포기한다.	'난 몰라, 난 못 해' 하면서 다른 사람에게 미룬다.	친구들과 전화로 몇 시간씩 수다 떨면서 스트레스를 해소한다.

무거운 청소기는
이제 그만!

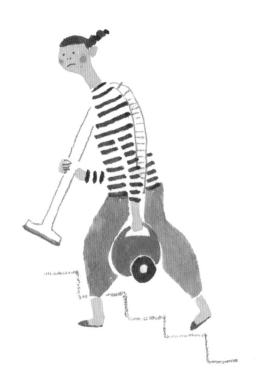

청소기를 짊어지고 계단을
오르내리긴 너무 힘들어 …

아이들이 크면 발 디딜 틈 없이 방을 어지르는 일은 서서히 사라진다. 그렇다면 전기 코드가 달린 무거운 청소기도 더 이상 필요 없겠다 싶어서 예전부터 좋다고 입소문이 난 무선의 스틱형 청소기로 교체했다.

직접 사용해 봤더니 상상 이상이다. 무게가 놀라울 정도로 가볍다. 청소기를 한 번 돌리면 녹초가 되었던 과거의 시간들이 거짓말처럼 느껴질 정도였다. 모양도 날씬하고 아담하다. 전에는 현관 옆의 수납장에 보관해야 했는데 이 청소기는 냉장고와 벽 사이의 좁은 틈에 세워도 문제없다. 넣고 꺼낼 때 번거롭지 않아서 '어머, 여기 지저분하니까 청소기 좀 돌려야지' 하고 하루에 몇 번이고 손쉽게 사용할 수 있다. 또 무선이라서 방이나 계단을 이동할 때도 훨씬

쓱 ~ 쓱

편해졌다.

　예전에는 청소기를 살 때 흡입력이 얼마이고 헤파 필터는 몇 등급짜리인지 등에 집착했다. 또 침구 흡입용 툴, 창틀 청소용 툴 등 액세서리가 많은 청소기가 좋은 줄 알았다. 몇 가지의 청소기를 거치면서 이제는 성능이 아니라 내가 컨트롤하기 좋은 만만한 청소기가 최고라는 사실을 인정하게 되었다. 면 걸레 대신 일회용 청소포나 극세사 걸레를 사용할 정도의 융통성도 발휘한다.

　청소기를 바꾸면서, 모터가 약하면 먼지가 흡입되지 않는 두꺼운 카펫을 없애 버렸다. 대신 코인세탁소에서 빨 수 있는 면 소재의 러그를 구입했다. 생활의 변화와 함께 가전제품에 대한 생각이 달라졌고 발걸음까지 가벼워졌다. [추천 상품 → 68페이지]

촬영기사를 졸업하면
TV 주위가 심플해진다

　이렇게 발전했나 싶을 정도로 최근 20년 동안 전자기기의 양상이 크게 달라졌다. 아이들의 성장 과정을 놓치지 않겠다며 찍어둔 비디오테이프만 100개가 넘는다. 비디오카메라부터 비디오 플레이어, 다양한 케이블 선까지 예전에는 많은 주변 기기들이 필요했다. 가족들이 모이면 상영회를 열고, 비디오를 복사해서 고향의 부모님 집에도 보내드렸다. 아이들이 초등학생 때까지는 자주 사용했는데 이제는 잊혀진 존재가 되었다. 텔레비전 뒤쪽에는 먼지를 뒤집어 쓴 전선들이 엉켜서 정글을 방불케 했으니 청소할 때마다 애를 먹었다.

　운동회 등 학교 행사에 촬영기사로 출동할 일이 없는 지금은 1년에 동영상을 몇 번 찍지도 않을뿐더러 그조차도 스마트폰이면 충분하다. 촬영한 동영상을 유튜브에 미등록(URL을 알고 있는 사람만 볼 수 있도록 설정)으로 업로드해서 가족, 친구와 공유하는 방법이 가장 편하다.

이제는 쓰지 않는 물건들

가전제품 설명서　　DVD　　CD　　디지털카메라　비디오카메라　알람시계

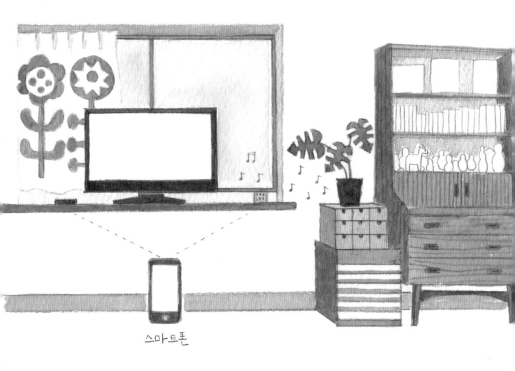

스마트폰

　동영상을 볼 때도 인터넷에서 직접 텔레비전으로 전송하니까 테이프나 DVD가 필요 없다. 비디오카메라와 비디오 플레이어, 케이블 선은 물론이고 각종 설명서나 데이터를 기록한 CD와 DVD도 이제 더 이상 필요 없다.

　가족들 모두 스마트폰이 있으니까 찍는 것도 보는 것도 각자의 타이밍에 맞춰서 하면 된다. 앞으로도 점차 발전해가는 기술에 맞춰 삶의 모습이 달라질 것이다. 가족이 함께 비디오를 보던 시간 대신, 편리한 애플리케이션으로 소통하게 될지도 모르겠다.

'컬러 정리'로
공간을 세련되게

아이들에게 자기 방이 생기면 더 이상 아이를 중심으로 거실을 꾸미지 않아도 된다. 집에서 가장 많은 시간을 보내는 내게 맞춰 좀 더 세련되고 우아한 분위기로 바꾸고 싶었다. 이때 컬러 정리가 아주 유용하다. 실내가 정신없어 보이는 이유는 물건이 많아서가 아니라 색깔이 많기 때문이다.

우리 집 거실의 기본 컬러는 좌식 테이블과 수납장의 컬러인 브라운이다. 거실의 60% 정도가 이 색으로 채워져 있고, 소파의 붉은 계열이 30%, 초록색을 담당하는 관엽식물이 1.5%, 나머지는 쿠션을 이용한 포인트 컬러이다. 쿠션의 컬러는 다양하지만 전체적인 톤을 잘 맞추면 어수선해 보이지 않는다.

컬러는 자유롭게 선택할 수 있지만 제1색은 이미 가장 많이 차지하고 있는 색(대형 가구 등)으로 하고, 제2색은 진한 톤의 무게감 있는 컬러, 제3색은 악센트를 줄 만한 색을 기준으로 고르는 것이 방법이다. 제2, 제3색을 어떻게 선택하느냐에 따라서 공간에 개성을 담을 수 있다. 3가지 색상을 결정하기 어려울 때는 조금 떨어져서 공간을 바라보자. 어딘가 위화감을 조성하면서 눈에 거슬리는 색상은 없는가? 커튼이나 쿠션, 휴지통이나 티슈 케이스 같은 소품들이 문제일 수 있는데 그것을 제외하고 보면 적절한 컬러를 정할 수 있다.

아이들 모드에서
어른 모드로 변신

장식장에는 물건을
가득 채우지 않는다.

개성 있는 박쥐란은
하나의 작품과 같다.

러그는
마루의 색깔과 맞춰서
튀지 않는 컬러를 선택한다.

before

다양한 패턴의
쿠션 커버

컬러풀한 모빌

그림책과 장난감들로
한 가득이었다.

수건의 컬러를
회색으로 맞추자

컬러 정리를 하기 좋은 또 하나의 아이템은 수건이다. 나는 아이들이 8살과 13살이 되던 해에 지금의 집으로 이사했다. 이사를 계기로 컬러풀한 수건과 캐릭터 등이 그려진 어린이용 수건을 모두 처분하고 이케아 제품으로 통일했다. 색상은 차분한 느낌의 회색 한 가지. 그랬더니 우리 집 화장실이 순식간에 호텔 욕실처럼 보였다.

아쉬운 마음이 전혀 없었다면 거짓말이겠지만 '어린이들과 함께하는 생활은 이것으로 끝'이라고 일단락을 짓기 위한 정리이기도 했다. 어린이용 디자인을 매일 보고 있으니까 아직도 아이가 어린 시절 그대로인 것처럼 느껴졌다. 나 역시 그 시절의 엄마 역할에서 벗어나지 못하고 있는 것 같아 수건이라는 아이템 하나라도 바꿔보자고 결심한 것이다.

막상 바꾸니까 수건을 쓸 때뿐만 아니라 말릴 때나 걷어서 갤 때에도 느낌이 달라졌다. 수건을 넣어두는 수납장의 분위기까지 우아해지고 전체적인 집안 분위기도 어른스러워진 것 같았다. 아이들도 생각보다는 크게 미련이 없었는지 순순히 받아들여 주었다.

가구의 교체나 리폼은 쉽지 않은 일이지만 수건 정도는 어렵지 않게 바꿀 수 있다. 오래 써서 낡은 물건들을 새롭게 바꾸니까 마음가짐도 달라지고, 엄마 역할에서 벗어나는 데도 큰 도움이 되었다.
[추천 제품 → 68페이지]

예전에는 수건의 사이즈와
색상이 제각각이었다.

after

세면대의 목욕수건은 회색으로 통일.
색상과 사이즈가 동일해서
깔끔하게 수납할 수 있다.

화분을 키우는
즐거움

　의기소침해진 마음을 다독여주고 울적한 기분을 정화시켜주는
존재가 있다. 바로 우리 집에서 키우는 화분들이다. 오래 키운 화분
은 벌써 20년 가까이 함께했으니 인생의 동반자나 다름없다. 아침
에 빨래를 널기 전에 잠깐 시간을 내어 가만히 들여다보고 있으면
마음이 평화로워진다. 이제는 많이 신경 쓰지 않아도 되는 아이들
을 대신해, 키우는 즐거움을 느끼게 해 주는 식물들에게 푹 빠져 지
낸다. 화분 속에서 점점 푸르러져 가는 모습을 바라보는 시간이 나
에게는 최고의 힐링 타임이다.

　실내에서도 몇 종류의 식물을 키우고 있는데 밖에서 키우는 것에
비하면 난이도가 꽤 높아서 몇 번 시들게 한 적도 있다. 그 후로는
덕구리난이나 몬스테라, 아스파라거스 마코와니(asparagus maco

화장실에서도
무럭무럭
잘 자란다.

은색이나
검정색 화분이
잘 어울린다.

몬스테라　　　　　　　　　　　인삼 벤자민

오랜 세월 함께한 화분은
인생의 동반자

wanii), 인삼 벤자민, 박쥐란, 올리브, 엽란처럼 비교적 튼튼한 품종을 고른다. 이 중 거실, 화장실, 현관 등 어디서나 잘 자라는 몬스테라는 잎이 찢어진 모습이 인상적이어서 인테리어 효과가 훌륭하다. 잎의 형태가 박쥐의 날개를 닮은 박쥐란은 독특한 조형미를 갖고 있어 실내에 행거 형태로 걸어두면 모던한 분위기를 연출한다. 이 품종들은 잠깐 방치해 두더라도 쉽게 시들지 않는다. 여행으로 일주일쯤 집을 비우더라도 문제없다.

베란다에서 키우고 있는 페퍼민트와 캐모마일은 다년초 식물이라서 겨울에 졌다가 봄이 되면 다시 싹을 틔운다. 대지에 따뜻한 기운이 돌면 어김없이 싹을 틔우는 식물들을 그 존재만으로도 감동이다. 계절의 사이사이에 자라나는 달개비나 괭이밥, 뱀딸기, 분꽃 같은 식물들도 작지만 강한 생명력을 지니고 있다. 이 생명의 힘이 내 생활에 활기를 불어넣어 준다.

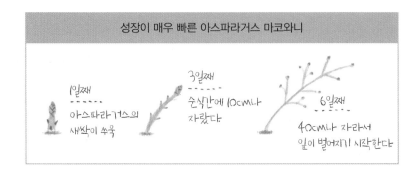

성장이 매우 빠른 아스파라거스 마코와니

1일째
아스파라거스의
새싹이 쑥욱

3일째
순식간에 10cm나
자랐다

6일째
40cm나 자라서
잎이 벌어지기 시작한다

핸드메이드 소품으로
따스함을 더하자

리사 라손의 꽃병

향토 완구들

북유럽풍 버드나무 바구니

처음 방문한 집 현관에서 아기자기한 장식품들을 발견한 순간, 왠지 마음이 따스해지면서 편안한 느낌을 받은 적이 있을 것이다. 무심코 지나칠 법한 물건이지만 그 사람만의 개성과 인생을 즐기는 자세가 엿보여 친근감이 느껴지기도 한다.

이렇게 따뜻한 분위기를 자아내는 소품은 대부분 직접 손으로 만든 물건들이다. 일반적인 생활용품 중에는 공장에서 만든 우수한 기성제품들도 많다. 하지만 기성제품은 우리의 생활을 편리하게 도와주는 도구일 뿐 일상을 다채롭게 꾸며주기에는 조금 부족하다.

느긋하게 한숨 돌리는 침실 한 귀퉁이, 혹은 매일 바라보는 부엌의 창가와 같이 작은 공간이라도 좋으니 사람의 손으로 직접 만든 물건들로 장식해 보자. 마음이 여유로워지는 경험을 하게 될 것이다. 우리 집에도 그런 소품 몇 가지가 있다. 휴지통은 지방의 잡화점에서 발견한 대바구니를 사용하고, 책장에는 각 여행지에서 사모은 향토 완구가 진열되어 있다. 흙으로 만든 인형을 특히 아끼는데 심신이 지쳤을 때 바라보고만 있어도 피로가 풀린다. 손수 만드는 것도 좋아하다 보니 우리 집 커튼과 쿠션 커버는 내가 직접 바느질해서 만든다. 고민이 있거나 뜻대로 일이 풀리지 않을 때, 아무 생각 없이 한 땀 한 땀 바느질하는 그 시간이 참 행복하다.

핸드메이드 소품을 직접 만든다고 하면 '난 곰손이어서 그런 것 못 해'라고 생각할지도 모르겠다. 하지만 나 역시 전문가는 아니고 아마추어일 뿐이다. 양판점에서 산 저렴한 커튼에 꽃이나 동물 모양을 아플리케 하거나 자투리 천이 있으면 손바느질로 이것저것을 만드는 수준이다. 커튼은 몇 군데만 박음질해서 봉에 끼우거나 고정하면 되니까 초보자도 쉽게 만들 수 있다. 겨울엔 포근한 코듀로이 소재의 쿠션으로, 여름엔 청량한 프렌치 린넨 커튼으로 거실을 장식하면 계절이 바뀌는 것을 집안에서 가장 먼저 느낄 수 있다.

조금 어설픈 솜씨라도 문제가 없고, 이런 작업을 꾸준히 하다 보면 자기도 모르는 사이에 솜씨가 늘고 조금 더 욕심나는 분야가 생기게 된다. 스텐실이나 패브릭 염색에 관심이 생길 수도 있고 마크라메나 퀼팅에 끌릴 수도 있다. 내 손으로 무언가를 완성하는 즐거움은 상상 이상이다.

양판점에서 산 저렴한 커튼에
거대한 꽃을 아플리케 했다.

분필로 숫자를 적을 수 있는
칠판 시계

아들이 태어나서 처음 그린
'동그라미' 그림을 아플리케 한
쿠션 커버

가끔은 직접 만들기도 한다.

TV를 보면서
한 땀 한 땀 바느질한다.

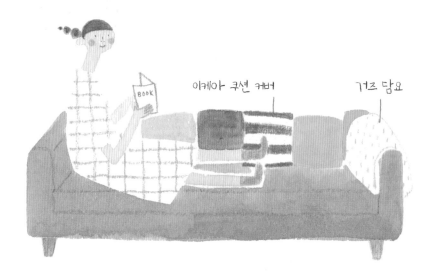

Spring - Summer

아케아 쿠션 커버

거즈 담요

감촉 좋은 소재로
계절에 맞게 거실을 꾸미자

계절이 바뀌어 가면 슬슬 옷장을 정리해야 할 때이다. 넣어둔 옷
을 반년 만에 수납장에서 꺼낼 때는 마치 숨겨둔 보물을 보는 것 같
은 기분이다. 이미 익숙한 옷인데도 새로운 느낌을 주어서 매년 설
레는 순간이기도 하다. 인테리어도 계절에 따라 옷을 갈아입히면
색다른 즐거움을 만끽할 수 있다. 거실에서는 소파를 중심으로 직
접 피부에 닿는 천을 교체하는데 집안 분위기가 한층 살아난다.

봄과 여름에는 보드라운 감촉의 거즈 담요와 순면 쿠션 커버로

Fall - Winter

클리판 울 담요

이케아 쿠션 커버

클리판 무릎 담요

단장한다. 선명한 원색 계열로 배치하면 보기에도 산뜻하다. 그리고 쌀쌀한 가을이 찾아오면 울 담요나 진한 색깔의 쿠션 커버로 바꿔준다. 깊숙이 넣어둔 러그를 꺼내서 깔아주면 겨울을 맞이하는 따뜻한 안식처가 완성된다.

이렇게 보금자리에 변화를 주면 '누구라도 초대해 볼까?(그러려면 청소도 열심히 해야겠지)' 하는 의욕이 샘솟는다. 장식장의 소품에 변화를 줄 수도 있다. 봄과 여름에는 식물이나 산호를, 가을과 겨울에는 목각 인형이나 양초를 장식한다. 또 매일 사용하는 컵도 유리잔에서 도자기로 바꾼다. 삶의 터전에서 즐거움을 발견하는 것은 작지만 가슴 벅찬 일이다. [추천 상품 → 68페이지]

지인을 초대해
가족의 분위기를 바꾸자

　요즘은 가족이 집에 있더라도 한 공간에서 시간을 보내지 않는다. 아이들은 자기 방에 들어가 나오고 싶어 하지 않고, 늘 일에 지친 남편은 집에 오면 늘어져서 쉬려고만 한다. 매일 함께할 수야 없지만 가족들 사이에 뭔가 어색한 분위기가 감도는 것을 두고 볼 수는 없었다. 그렇다면 '언제나 누구든 환영하는 집'으로 만들어야겠다는 생각이 들었다.

　지금도 꾸준히 실천하고 있는데 긍정적인 변화들이 눈에 띈다. 친척이나 친한 친구가 방문하면 집안의 분위기가 바뀌면서 우리 가족들 사이에도 자연스럽게 대화가 많아진다. 그래서 거실은 늘 깔끔한 상태를 유지한다. 다이닝룸에 여분의 간이의자를 마련해서 손님이 많이 오더라도 즉시 자리를 만들어낼 수 있다. 덕분에 내 친구들이 종종 차를 마시러 오기도 하고, 아들의 친구들이 자고 가겠다며 수시로 찾아온다. 이러한 방문이 이야깃거리가 되어 딸이나 남편과의 대화 소재도 많아졌다.

　세월이 흐르니 부부 사이도 달라졌다. 30대에는 남편과 나란히 앉아 텔레비전을 보곤 했는데, 지금은 각자 다른 일을 하면서 있는 듯 없는 듯 지내는 정도면 충분하다. 이러한 변화들도 자연스러운 것이라 받아들이고 '언제나 함께, 모여서 사이좋게'라는 고정관념에서 벗어나 편안한 거리감을 찾아가고 있다.

나에게 주는 선물,
계절의 맛을 음미하자

복을 기원하는
치노와 쿠구리

얼음을 본떠 만든
화과자, 미나즈키

꽃모양 화과자,
아지사이 모찌

음력 6월, 복을 기원하고 돌아오는 길에 먹은 '미나즈키'

계절이 느껴지는 한 끼의 식사는 일상에서 경험할 수 있는 작은 위로이기도 하다. 슈퍼에서 제철 채소와 과일을 발견하면 마음이 설렌다. 제철 재료들로 식탁을 차려온 이유는 절반은 나 자신의 즐거움을 위해서였고 나머지 절반은 아이들에게 지식과 전통을 전해주고 싶어서였다. 이런 내 정성이 효과가 있었던 모양이다. 딸아이가 학교에서 돌아오는 길에 "오늘 하지(夏至)잖아요" 하며 문어를 사들고 오는 것을 보고 이제 다 컸구나 싶었다(웃음). 음식 전도사 역할도 제대로 해낸 것 같다.

최근에는 나에게 주는 선물의 의미로 계절을 만끽할 만한 기회를 자주 갖고 있다. 화과자 전문점에서 맛보는 달콤함은 나를 위한 작은 사치중 하나다. 나고시노 하라에(음력 6월 그믐에 열리는 액막이 행사—역주) 무렵에 나오는 미나즈키(水無月, 화과자의 일종)'는 이 시기에만 즐길 수 있는 보기만 해도 시원해지는 과자다. 지금까지는 가족과 함께 참배하고 오는 길에 화과자를 사 가지고 와서 먹었다. 요즘도 시간이 맞으면 그렇게 하지만 가족이 다른 일정이 있다면 나만의 흐름대로 느긋하게 즐긴다. 올해도 어김없이 이 계절이 돌아왔다. 친구에게 연락해 건강과 행운을 기원하러 그곳에 다녀왔다. 돌아오는 길에는 화과자 전문점에 들러 친구와 이야기꽃을 피우며 이 계절을 음미했다. [추천 상품 → 68페이지]

---

*치노와 쿠구리: 갈대 종류의 풀을 엮어 큰 원을 설치하고, 그 사이를 지나가면서 복을 기원하는 행사
*나고시노 하라에: 음력 6월 그믐, 반년 동안 쌓인 나쁜 기운을 털어내고 남은 반년의 건강과 복을 기원하는 날

'가족을 위한 식사'에서
'나를 위한 식사'로

요즘에는 혼자서 저녁식사를 하는 경우가 많아졌다. 외롭다는 생각도 들지만 한편으로는 편하기도 하다. 혼자서 먹으러 가기도 싫고 '같이 밥 먹으러 가자'며 급히 불러낼 친구도 떠오르지 않는다. 나의 소망 중 하나가 60, 70살에도 하하 호호 하며 함께 저녁식사를 할 수 있는 친구가 있었으면 하는 것이다. (지금부터라도 꿈을 이룰 수 있도록 야망 노트에 적어 놓아야겠다!) 아무튼 조용한 집에서 혼자 식사를 하면 당연히 좋은 점도 있다. 우선 설거지거리가 많지 않다. 밥그릇도 따로 필요 없고, 카페에서 먹는 요리처럼 커다란 접시 하나에 담으면 씻어야 할 그릇도 하나밖에 나오지 않는다. 여유가 있는 주말에는 종지에 반찬들을 조금씩 나눠 담고 술도 한잔 하면서 선술집에 온 것 같은 기분도 내 본다. 집에서 멍하니 있을 수 있는 시간이 생기다니, 이제야 비로소 누리는 호사다.

생각해 보면 이렇게 음식 세팅에 신경을 쓰게 된 것도 혼자서 밥을 먹기 시작하면서부터였다. 사 온 반찬을 포장 용기에서 꺼내 마음에 드는 접시에 담는 시간이 참 즐겁다. 계절감 있는 이파리들로 꾸미면 특별한 느낌도 들고 마치 전문 셰프라도 된 것 같은 기분이다. 물론 아직은 외로움과 즐거움 사이에서 흔들릴 때도 있다. 익숙해지면 혼자가 훨씬 편하고 좋다고들 하는데 아직까지는 외로움이 조금 더 큰 것 같다. [추천 상품 → 68페이지]

시금치와 베이컨 볶음

녹차

해초무침

깻잎으로 장식!

주먹밥

<생선구이 정식>

치킨 소테

콜슬로

풋콩 감자 샐러드

직경 27cm 정도의 큰 접시는 한 그릇에 담아내기에 제격

두부

고대미 밥

<치킨 소테 플레이트>

<반찬 플레이트>

하이볼

생활용품점에서 판매하는 검은색 돌 접시는 백화점 지하 매장에서 사온 컬러풀한 반찬들을 더욱 맛있어 보이게 해준다.

'추억의 상자'로
아이에게서 독립하기

우리 집 다락방에는 아이들의 추억이 담긴 물건을 넣어둔 상자가 6개 정도 있다. 배냇저고리부터 제일 먼저 신겨줬던 신발과 자주 입던 옷, 아이가 처음으로 그린 그림, 초등학생 때 쓰던 공책과 글짓기 노트 같은 물건을 보관한 '추억의 상자'다.

아이들이 막 배운 글씨를 연습하고 내가 손수 만든 옷을 입고 놀던 그 시절, 아이들의 물건을 관리하는 것도 엄마인 내 몫이었다. 그래서인지 은연중에 내 물건처럼 생각했었는데 사실은 아이들의 성장 과정이 담긴 추억과 개성의 조각들이다. 아이에게 다시 돌려준다는 기분으로 지금도 하나씩 상자에 넣는다. 내게는 아이들로부터 독립하는 작은 과정인 셈이다.

아이들이 각각 스무 살이 되면 선물로 줄 생각이다. 훗날 인생을 살아가면서 넘어지거나 길을 헤맬 때, 이 상자를 열어보고 자신이 사랑받고 자랐다는 사실을 알았으면 좋겠다. 또는 '예전부터 이런 것들을 좋아했었지' 하고 인생의 원점으로 돌아가는 힌트가 되기를 바란다. 나 역시 친정집을 정리하다가 낙서로 가득한 그림책과 중학교 시절의 교환일기를 발견하고 마음의 위안을 얻었다. 본래의 내 모습은 여전히 변치 않았다는 안도감이라고 해야 할까? 마트료시카 목각인형처럼 순간순간이 쌓여서 현재의 내가 이루어졌다는 사실이 왠지 포근하게 느껴졌다. [추천 상품 → 68페이지]

처음으로 그린 그림과 글씨 연습,
초등학교 1학년 때 썼던
알림장과 글짓기 노트 등

어릴 때 가지고 놀던
장난감과 인형

배냇저고리와
추억이 담긴
아기 옷, 신발

미 술 시 간

유치원부터 초등학교 6학년 때까지
아이들이 그렸던 그림과 공작물들

스무 살이 되는
딸에게

내년이면 딸아이가 스무 살이 된다. 주위 사람들이 "항상 즐거워 보이네"라고 말할 정도로 인생을 즐길 줄 아는 어른으로 성장해 주었다. "스무 살 생일날 뭘 갖고 싶니?" 딸아이에게 물었더니 "영원히 남을 만한 선물이요, 금속 종류?!"라는 대답이 돌아왔다. 금속 종류라니 못이나 바늘 같은 건 아니지? (웃음)

아직 확실히 정하지는 않았지만, 친정엄마에게 주얼리를 하나 물려받아 요즘 느낌으로 근사하게 리폼해서 선물하면 좋지 않을까 생각 중이다. 세상에 하나뿐인 디자인이기도 하고 모계 3대를 이어주는 선물이 될 것 같아서다. 이미 점찍어둔 곳도 있다. 부부가 함께 주얼리를 만들어 판매하는 매장인데 리폼도 멋있게 잘 해준다. 그곳에서 체인과 펜던트 고정 부분을 리폼해서 올드해 보였던 목걸이를 내 취향으로 변신시킨 적이 있다.

아이가 스무 살이 되는 시점은 부모인 내게도 또 하나의 전환점이다. 더 이상 ○○ 엄마로 불릴 일도 없다. 그때가 원래의 내 이름으로 돌아가는 시기가 아닌가 싶다.

엄마 역할과 가사에서 벗어나기 위한 아이템

요리와 청소는 너무 힘 빼지 말고 요령껏 하자. 매일 해야 하는 집안일을 좀 더 손쉽게 해 주는 아이템을 소개한다.

밀 키트(meal kit) 프레시지, 마이셰프, CJ쿡킷 등

필요한 재료가 딱 맞게 들어 있는 요리 세트. 밀푀유, 감바스, 샤브샤브, 마라탕, 닭갈비, 장어덮밥, 양장피 등 어려운 요리도 만들 수 있어 매우 유용하다.

다시 팩 풀무원 다시팩, 코스트코 다시팩 등

이 제품 하나면 진한 국물을 우릴 수 있다. 잔치국수, 된장찌개 등 밑 국물을 내야 하는 요리는 물론 생선 조림 등을 준비할 때도 편리하다.

만능 소스 코스트코 요시다 데리야끼 소스 등

양념에 재우는 고기 요리와 생선 요리를 할 때 시간도 절약되고 맛도 책임지는 기특한 소스. 코스트코나 인터넷 쇼핑몰에서 구입할 수 있다.

극세사 걸레 3M 클립형 막대걸레, 리브만 밀대걸레 등

극세사 걸레는 더러움도 잘 닦이면서 바로 헹구면 오염도 되지 않아 가사 노동 시간을 줄여준다. 단 너무 밝은 색깔은 피해야 한다.

무선 청소기 초경량 스틱형 청소기

가볍고 무선 충전 방식이라 청소에 대한 부담이 한층 줄어든다. 간단하게 빨리 청소를 끝내고 싶을 때 딱 맞는 제품. 나는 마키타 제품을 구입해 쓰고 있다.

핸드 타올 이케아 핸드타올(50×100cm)

도톰하고 부드러우면서 차분한 색상이라 욕실 분위기가 우아해진다. 우리 집은 목욕용 타올도 모두 같은 색상으로 통일했다.

쿠션 커버 이케아 쿠션 커버

수수한 색감에 실용적인 소재로 만들어져 색깔별로 놓아두면 거실의 분위기를 산뜻하게 연출할 수 있다.

대형 나무 접시

채소나 반찬 종지를 활용한 원 플레이트 식사에 잘 어울리는 큼지막한 나무 접시. 혼자 하는 식사의 음식 세팅을 더욱 즐겁게 해준다.

수납박스 이케아 35×50×30cm

뚜껑이 있는 종이 수납박스. 손잡이용 구멍이 있어서 이동할 때도 편리하고 사용하지 않을 때는 접어서 보관할 수 있다. 색상은 흰색과 검정색 2가지.

2

몸

—

새로운 변화 · 새로운 케어

세안은 천연 순비누로

마흔다섯이 되니 인공적인 향에 거부감이 생기기 시작했다. 그래서인지 스킨케어 제품들이 점점 심플해지고 있다. 엄격한 원칙을 세워놓은 것은 아니지만 가급적 불필요한 성분이 포함되지 않은 제품을 고르고 있다. 용도에 맞춰 다양한 제품을 사용하던 습관도 바뀌었다. 화장수나 오일도 그렇지만 특히 세안제는 아무것도 첨가되지 않은 천연 비누 하나만 쓴다(참고로 나는 샤본다마 비누를 애용한다). 무첨가 비누로 바꾸고 나서 건조증과 습진 같은 피부 트러블이 사라졌다. 화장품에 비해 저렴하면서 전보다 훨씬 촉촉함이 감도니

심플 세안법

호호바 오일

베이킹 소다

꿀

이 3가지는 세면대에 두고
특별 관리할 때 사용한다.

천연 순비누는 화장품에 비해
저렴하면서 관리도 간편하다.

놀라울 따름이다. 단, 비누 성분이 피부에 남아 있으면 얼굴이 땅기는 느낌이 드니까 잘 씻어내야 한다.

세안 후에는 오일을 발라주고 그 위에 화장수를 스프레이한다. 오일을 먼저 바르면 피부가 부드러워져서 화장수가 더욱 잘 흡수되는 느낌이다. 또 피부가 거칠어졌을 때는 베이킹 소다를 이용해 즉석 스크럽제를 만든다. 베이킹 소다는 마트에서 파는 식용 베이킹 소다를 사용하는 것이 좋다. 청소용 제품보다 입자가 작아서 피부 자극이 적기 때문이다. 손바닥에 1티스푼 정도 덜어 꿀과 호호바 오일을 같은 비율로 섞어서, 신경 쓰이는 부위부터 원을 그리듯 부드럽게 마사지해 준다. 물로 씻어내면 각질이 한 겹 벗겨진 것처럼 피부가 매끈해진다. [추천 상품 → 96페이지]

세안 후에는 오일 먼저

← 호호바 오일

오일을 잘 스며들게 한 다음 화장수를 스프레이하면 흡수력이 좋아진다!

피부가 거칠어졌을 때는 베이킹 소다 스크럽

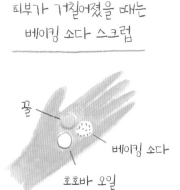

꿀

베이킹 소다

호호바 오일

손바닥에 1티스푼씩을 덜어서 섞은 후, 얼굴을 부드럽게 마사지해 준다. 물로 씻어내면 매끈 탱탱한 피부로!

샴푸 멀리하기

젊은 시절에는 분명 건성피부였는데 마흔을 넘기니까 머리가 가렵기 시작했다. 어느 날 거울을 보니 두피가 일어난 것처럼 비듬이 보였다. 너무 건조해서 그런가 싶어서 호호바 오일로 두피 마사지를 해 보았지만 전혀 효과가 없었다. 더 이상 내 힘으로는 해결할 수 없을 것 같아서 피부과에 갔더니 지루 습진이라고 한다. 노화로 인해 일어날 수도 있고, 피부가 예민해져서 예전에 쓰던 화장품이 맞지 않아서 그럴 수도 있다는 것이다. 얼핏 보면 건조해 보이는데 기름기가 많은 것이 원인이라고 해서 조금 놀랐다.

두피에 증상이 나타났기 때문에 일단 샴푸를 바꿔야 했다. 세안할 때 쓰는 순비누로 머리를 감아 보기로 했다. 아무래도 거품의 양이 적어서 머리를 감기 전에 빗질도 하고 따뜻한 물로 꼼꼼히 적셔 줘야 했지만, 지금 내 피부 상태에 딱 맞는 제품이란 사실은 이미 세안하면서 증명되지 않았는가. 비누로 머리를 감고 3주가 지나자 두피의 습진이 완전히 사라지고 가려움증과 비듬도 없어졌다. 이때도 비누 성분이 모공을 막지 않도록 충분히 헹구는 것이 중요하다. 머릿결이 뻣뻣해져서 빗질이 잘 안 될 때는 린스를 조금 사용하면 부드러워진다. 또 제대로 말리지 않으면 두피에 생기는 곰팡이의 원인이 되므로 뿌리부터 제대로 말리는 것도 잊지 말아야 한다. [추천 상품 → 96페이지]

비누로 샴푸하는 방법

 머리카락, 두피, 얼굴 모두
순비누를 사용한다.

처음 따뜻한
물로 머리를 적실 때
오물의 70% 정도가
씻겨 나간다.

1 샴푸하기 전에 빗질로 머리카락과
두피에 붙은 먼지를 정리한다.

2 샤워기의 따뜻한 물로 2분 정도
머리를 감은 후, 머리카락에 직접
비누를 묻혀서 거품을 낸다.

거품이 적을 때는
물로 머리를 적신 후
비누를 더 묻혀준다.

← 구연산(티스푼) + 물(500ml)

4 샤워기로 잘 헹군 후, 구연산 린스를
발라주고 다시 꼼꼼하게 헹군다.

3 충분히 거품을 내면서 부드럽게
두피를 마사지한다.

 드라이기로 뿌리까지
제대로 말려준다.

손상 없는 흰머리 염색

30대 후반부터 한두 개씩 보이더니, 마흔다섯이 지나자 머리의 절반을 덮을 정도로 흰머리가 급격하게 늘어나 지금까지 염색을 고수하고 있다. 그런데 갈수록 얇아지고 꼬이는 머릿결과 휑할 정도로 줄어든 머리숱을 보고 있자니 어떻게든 방법을 바꿔야 하지 않을까 고민스러웠다. 그때 마침 헤어살롱에서 일하는 지인을 만나게 되었다. 그녀는 나와 동갑인데도 흰머리가 거의 없고 윤기 나는 긴 머리를 갖고 있었다. 비결이 뭔지 물었더니 헤나를 사용한 덕분이라고 한다.

헤나는 이제껏 써왔던 화학성분의 염색약과는 달리 식물 성분이라 안심이 되었다. 하지만 시판되는 제품들을 살펴보니 100% 천연성분도 있지만, 그럴 경우 흰머리 염색이 완벽하게 되지 않아 소량이라도 화학성분을 섞은 것들이 많았다. 여러 제품을 비교해서 믿을 수 있는 헤나를 신중하게 선택해야 한다. 3개월 정도 헤나를 사용하니 머릿결 손상도 줄어들고 머리카락에 탄력이 생겼다. 앞으로도 쭉 헤나로 건강하게 머릿결을 보호하고 유지하는 쪽으로 관리할 생각이다. [추천 상품 → 96페이지]

일주일에 한 번, 3개월 동안 지속했더니…

- 두피 가려움증과 머리 빠짐이 줄었다.
- 뿌리까지 완벽하게 염색되어 땋은 머리나 업스타일을 자주 할 수 있게 되었다.

예전에는
할 수 없었던
땋은 머리

헤나 염색법

오가닉 허브

맨살에 묻어도
물들지 않아서
안심

염색용 빗이
바르기 편하다.

헤나 가루에
미지근한 물을 섞는다.
(마요네즈보다 약간 묽은 농도)

1 머리카락을 잘 나눠서 나눠진 부분마다
직접 두피에 바른다. 두피 전체에 바른 후,
머리카락 끝에도 발라준다.

혹시 피부에 묻어도
물로 씻으면 지워진다.

2 샤워 캡을 쓰고
1시간 정도 기다린다.

3 따뜻한 물로 꼼꼼히 씻어낸다.
※이때 비누는 사용하지 않는다.

신경 쓰이는 시력 관리

멀리 있는 것은 잘 보이는데 가까운 것은 흐릿하니 안 보이다가, 가까운 것은 잘 보이는데 먼 것은 잘 보이지 않기도 한다. 나이가 드니까 시력이 말썽이다. 안경을 머리 위에 올리고 신문을 읽으시던 할머니의 모습을 이제 몸소 체험하는 중이다. 가족이 잠든 후에 스마트폰이나 태블릿으로 혼자 보는 영화가 소소한 행복이었는데 영화 감상 방식도 바꾸게 되었다. 예전에는 자막도 작은 화면으로 보고 일부러 조명을 어둡게 했다. 하지만 이런 전자제품에서 나오는 청색광선이 확실히 눈에 부담을 주는 모양이다.

특히 눈과 화면 사이의 거리에 신경을 써야 한다. 예를 들어 2m 떨어져서 볼 때와 20cm 거리에서 볼 때를 비교하면 그 영향력은 100배 가까이 차이가 난다. 검색을 위해 잠깐 스마트폰에 눈을 가까이 대고 있으면 고개를 드는 순간 확실히 시야가 흐려진다. 눈물을 줄어들게 하는 작용 때문인지 오랫동안 컴퓨터 작업을 한 후에는 눈이 건조해지고 충혈되기도 한다.

이제 영화 감상은 텔레비전으로 하고 그것도 멀리 떨어져서 본다. 컴퓨터는 1시간마다 15분 정도 휴식 시간을 갖는 등, 사용 시간에 각별히 유의한다. 젊어서는 존재하지도 않았던 스마트폰이 이제는 없어서는 안 될 내 생활의 파트너가 되었다. 이 파트너와 오래도록 사이좋게 지내기 위해서라도 적절한 거리를 유지해야 한다.

스마트폰의 동영상을 TV에 전송한 후, 멀리 떨어져서 감상한다.

잇몸 관리는 치실로

나이를 먹을수록 잇몸이 얇아지는 것도 신경 쓰이는 변화 중 하나다. 얼핏 봐서 눈치 챌 정도는 아니지만 식사 후 화장실에서 이 사이를 체크하는 습관이 생겼다. 그래서 평소 치아 관리에서 치실만큼은 절대 잊지 않는다.

내가 사용하는 제품은 덴텍(dentek)의 '플로스 픽(Floss Picks)'인데 실이 매끄러워서 잇몸에 닿아도 아프지 않고, 손잡이가 달린 홀더 타입이라 사용도 편리하다. 게다가 손잡이 모양이 다른 앞니용과 어금니용이 있어서 용도에 맞게 사용하면 치아 관리가 쉽다. 치실을 사용할 때는 조금씩 톱질을 해주는 기분으로 닦으면 된다. 좌우 치아의 틈새에 맞춰서 잘 문질러 주고, 빼 낼 때도 앞뒤로 조금씩 움직이면서 빼 낸다. 칫솔질만으로는 입속 찌꺼기의 60%밖에 제거하지 못하지만, 치실을 함께 사용하면 80% 이상의 치석이 제거된다고 한다.

칫솔 역시 치과용 칫솔(나는 Ci메디컬 제품을 사용한다)로 바꿨는데 힘들이지 않아도 깨끗하게 잘 닦인다. 잇몸에 상처를 내지 않아서 그런지 잇몸에서 피가 나는 일도 줄었다. 가격도 저렴해서 수시로 사다 놓고 새것으로 바꿔 쓸 수 있어서 좋다. 사용하기 편리한 구강용품 덕분에 양치를 할 때도 정성껏 닦게 되면서 충치와 치은염도 많이 좋아졌다. 나이 들어서도 맛있게 식사를 즐길 수 있도록 치아만큼은 더 철저히 관리하려고 한다. [추천 상품 → 96페이지]

유리병에 홀더 타입의
치실을 담아서
세면대 위에 둔다.

치과용 칫솔

칫솔의 헤드가
작아서
칫솔질하기
편하다.
인터넷 쇼핑몰에서
대량으로
구입할 수 있다.

앞니용   어금니용

빠른 대처로
몸에 무리가 가지 않도록

지친 나를 살살 달래가며 살아가다 보면 마음은 어느 정도 움직여주는데 몸이 도저히 따라주지를 않는다. '괜찮아 괜찮아. 아직 더할 수 있어'라는 근거 없는 믿음을 버리고 이제는 뭔가 조짐이 나타나면 즉시 상황에 맞춰 대처한다. 예를 들어 자다가 다리에 쥐가 나면 대부분은 운동 부족의 신호다. 기초대사가 떨어진 탓에 의식적으로 근육을 움직여주지 않으면 몸에서 필요로 하는 운동량을 채울수가 없다. 또 조금 더 할 수 있을 것 같다는 생각이 들어도 머리나

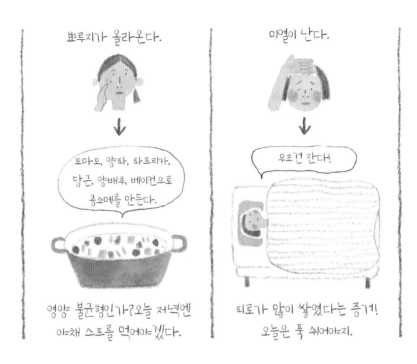

어깨가 무거울 때는 무리하지 않고 바로 휴식을 취한다. 덕분에 웬만해서는 감기에 잘 걸리지 않고, 갑자기 고열이 나는 등의 과로 증상도 사라졌다.

이처럼 빠른 대처를 하게 된 데는 이유가 있다. 속상한 일이 있어서 혼자 틀어박혀 우울해 하고 있을 때였다. 시간이 멈춰 버린 듯 마음은 한없이 가라앉는데 몸은 그렇지가 않은지 배에서 꼬르륵 소리가 났다. 슬픈 현실은 아무것도 달라지지 않았지만 밥을 조금 먹으니까 기운도 나고 암울했던 기분에서 벗어날 출구가 보이는 것 같았다. 그 후로 부정적 감정에 사로잡힐 때는 마음보다 몸을 먼저 챙긴다. 활기찬 몸은 마음까지 밝아지게 해주는 힘이 있는 것 같다.

10년 만의 건강검진

그저 귀찮다는 이유로 10년 가까이 건강검진을 받지 않았지만, 나에게 빈혈이 있다는 것은 짐작하고 있었다. 몇 년 전부터 빙식증(氷食症)의 조짐이 보였기 때문이다. 얼음을 오독오독 씹어 먹고 싶어 하는 증상으로, 체내의 철분이 부족할 때 나타나는 이식증(異食症)의 하나라고 한다. 한 번은 커다란 볼에 얼음을 한 가득 담아 다 먹어 버린 날도 있었다. 몸에 좋지 않다는 것은 잘 알지만 멈출 수가 없었다. 안 그래도 자궁근종 때문에 월경 과다 증상을 보이는데, 어떻게든 빈혈을 고쳐 봐야겠다는 생각에 건강검진을 받았다.

진단된 질병은

빈혈!

헤모글로빈 수치 6.1로
표준치의 절반이었다.

 철분제
1일 1정

약 복용 후,
바로 얼음도 끊고
몸도 아주 편안해져서
깜짝 놀랐다.

결과는 예상대로였다. 헤모글로빈이 정상 수치의 절반 정도라서 철 결핍성 빈혈 진단을 받았다. 철분제를 처방받고 일주일간 복용했더니 바로 효과가 나타났다. 그렇게나 맛있던 얼음이 그저 차갑고 딱딱한 덩어리로밖에 느껴지지 않았다. 예전에는 얼음이나 물에서 나던 소독약 냄새도 전혀 맡지 못했는데 지금은 확실하게 느껴진다. 잘 때 뒤척이는 원인 중 하나도 빈혈이라고 한다. 철분제를 복용한 후로는 증상이 개선되어 잠도 깊게 자고 낮에도 몸이 편안하다. 건강검진은 자신의 몸 상태를 수치로 알려준다. 서둘러 치료해야 할 부분을 알려주기 때문에 앞으로는 매년 검진을 받아서 건강관리의 지표로 삼을 생각이다.

심호흡으로 피로와 스트레스를 날리자

　직장에서 일을 하거나 집안일을 하면서 문득 얕은 호흡만 하고 있는 자신을 발견한 적이 있을 것이다. 너무 집중해서 오랫동안 숨을 멈추고 있거나 숨을 내뱉고 있다는 느낌이 들지 않을 때도 있다. 의식적으로 하지 않으면 깊은 심호흡은 좀처럼 되지 않는다. 그러나 반대로 말하면 의식만 하면 언제 어디서나 할 수 있다.

　피곤할 때, 고민이 있거나 이렇다 할 이유도 없이 우울함이 몰려올 때는 별다른 도구 없이도 가능하기 때문에 방법을 알아두면 매우 편리하다. 추천하는 호흡법은 가슴(폐)이 아니라 배를 부풀리는

복식호흡법	효과 >>>	혈액순환 UP, 긴장 완화, 내장의 마사지 효과까지

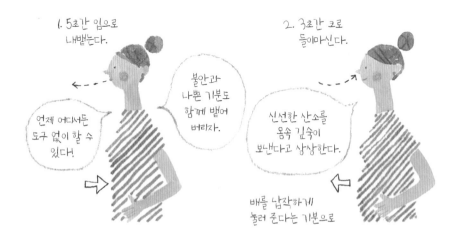

1. 5초간 입으로 내뱉는다.

2. 3초간 코로 들이마신다.

불안과 나쁜 기분도 함께 뱉어 버리자.

언제 어디서든 도구 없이 할 수 있다.

신선한 산소를 몸속 깊숙이 보낸다고 상상한다.

배를 납작하게 눌러 준다는 기분으로

복식호흡이다. 익숙하지 않아서 잘 안 될 때는 배꼽 옆쪽에 양손을 대 보면 쉽게 알 수 있다. 심호흡의 길이는 무리가 없는 선에서 몇 초를 하든 상관없지만 나는 보통 3초간 들이마시고 5초간 내뱉기를 기준으로 한다. 두세 번만 반복해도 온몸 구석구석 산소가 전해지는 느낌이 들면서 마음까지 차분하고 편안해진다.

해야 할 일은 산더미인데 집중이 안 될 때 심호흡을 하면 아주 효과적이다. 천천히 깊은 심호흡을 해주면 마음이 안정되면서 우선순위를 냉정하게 판단할 수 있다. 기분도 긍정적으로 바뀌어서 미뤄둔 일들도 '얼른 해치우자' 하는 의욕이 생긴다. 산이나 바다, 공원처럼 깨끗한 공기를 마실 수 있는 장소에 가면 몸과 마음이 정화되는데 일상에서 하는 심호흡도 같은 효과가 있는 것 같다.

한쪽씩 번갈아 하는 호흡법   효과 ⟫⟫ 뇌로 가는 산소량 증가로 집중력 UP

마음이 차분해질 때까지 계속한다.

하루에 2만 회 정도 숨을 쉰다고 한다.

1
허리를 곧게 펴고 편하게 호흡할 수 있는 자세로 심호흡한다. 양쪽 코로 크게 숨을 들이마시고 완전히 내뱉는다.

2
다 내뱉은 상태에서 양쪽 코를 잡는다. 이제 오른쪽 코를 막았던 손가락을 들어서 3초간 들이마시고 5초간 내뱉는다.

3
다시 오른쪽 코를 막고 이번에는 왼쪽 코를 막았던 손가락을 든다. 2와 같은 방법으로 호흡한다. 최소 3세트 반복한다.

핫 요가 배우기

마흔다섯을 넘기니 몸이 말단에서부터 서서히 말라 들어가고, 쓰지 않는 근육들이 굳는 것 같은 느낌이 들면서 위기감이 찾아왔다. 화장품이나 즉석 마사지만으로 해결하기에는 너무 늦었다. 그렇다고 격렬한 운동은 엄두가 안 난다. 클리닉에 다니면서 미용 시술을 받는 것 또한 부담스럽다. 이런 내가 꾸준히 하고 있는(게다가 재미도 있다) 운동이 바로 핫 요가다. 스튜디오가 사우나처럼 따뜻하기 때문에 상온에서 하는 요가보다 쉬운 동작들이 많고, 스트레칭 정도의 운동량으로도 땀을 흠뻑 흘릴 수 있어서 매력적이다.

따뜻한 공간에서는 전신의 근육이 훨씬 많이 이완된다. 의식을 호흡에 집중하면 배가 풍선처럼 부풀어 오르고, 손을 위로 쭉 뻗으면 오른쪽 허리에 찌릿한 느낌이 온다. 하다 보면 손등에도 땀이 난다! 20년 가까이 아무 운동도 하지 않은 탓에 몸이 어떤 식으로 움직이는지, 어떤 식으로는 움직이지 않는지조차 잊어버린 것 같다. '내 몸에 이런 식으로 늘어나는 근육이 있었구나!' 하면서 매번 새로운 깨달음을 얻는다.

한 시간 남짓 레슨을 받는데, 땀이 엄청나게 나면서 몸속의 불필요한 노폐물까지 빼내는 느낌이라 기분이 상쾌하다. 수업이 끝나면 마치 다시 태어난 것처럼 생각까지 긍정적으로 바뀐다. 오랫동안 몸을 움직이지 않던 사람이나 운동을 별로 좋아하지 않는 사람들에게 적극 추천한다. [추천 상품 → 96페이지]

선생님의 예쁜 몸매에 계속 눈길이 간다…

힘들어

혼자서 하면 이런 자세는 하지 않았을 텐데
역시 다니길 잘했어.

수업에는 15명 정도의
수강생이 함께한다.
모르는 사람들이 보고 있다고
생각하면 더 열심히
하게 된다.

삶은 문어로
만든 주먹밥
같아~

거울 속의 살찐 내 모습에
의기소침해질 때도 있지만
그래도 기분은 좋다!

키에서 100을 뺀 숫자가
몸무게의 기준

나이를 먹을수록 통통해지고 있다. 30대까지는 50kg을 넘은 적이 없는데 40대가 되니 40kg대로 돌아갈 수가 없다. 내 키가 153cm이니까 '키 − 100'(나의 경우는 53kg)까지는 눈감아 줄 생각이었는데 결국 그 선을 넘는 체중에 익숙해지고 말았다. 아아, 이대로는 안 돼! 진짜 아줌마처럼 보이는 체형만큼은 절대 안 된다는 생각에 꾸준히 유지할 수 있는 제대로 된 다이어트를 결심했다.

우선 현재의 내 체형을 파악하는 일부터 시작했다. 사실 요가를 시작한 것도 그랬다. 기초대사를 끌어올리겠다는 목표도 있었지만, 건강하고 탄력 있는 몸매의 수강생들과 함께 내 몸을 거울에 비춰 보는 것만으로도 엄청난 자극이 되기 때문이다. 현재 한 달 만에 2kg 감량에 성공! 운동과 더불어 간식은 최대한 피하고 저녁식사는 밥 대신에 두부나 낫토로 바꾸었다. 하지만 이렇게 노력해도 결국에는 좌절로 끝나버린다는 것이 문제다.

가장 큰 고비는 다이어트 첫날. 이번에는 첫날을 무사히 넘길 수 있도록 '아마자케(쌀을 죽처럼 끓여서 쌀누룩이나 술지게미 등을 넣고 삭힌 음료−역주) 단식'을 시도해 보았다. 그랬더니 체력은 유지되면서 뱃속은 가벼워져서 다음날에도 저칼로리 식단을 이어갈 수 있었다. '작심삼일에서 탈출하는 7개 조항'을 수첩에 적어둔 것도 다이어트 의지를 일깨우는 데 도움이 되었다.

첫날만 하는 아마자케 단식

RULE

- 아침, 점심, 저녁에 한 잔(300ml)씩, 집에서 담근 아마자케만 마신다.
- 두유나 과일을 더하는 것은 OK
- 물은 마시고 싶은 만큼 마셔도 OK

재료(완성 후 분량 1L)
쌀 140g, 물 800cc, 누룩 200g

만드는 법
1. 쌀로 밥을 지은 다음, 물을 더해서 죽을 만든다. 죽이 완성되면 55℃로 식힌다.
2. 식은 죽에 누룩을 솔솔 뿌려 잘 풀리도록 섞어준다. 55℃를 유지하면서 중간 중간 잘 저어 주고 6~8시간 놓아두면 완성. 그 상태로 먹어도 맛있지만 농도를 묽게 해주면 좀 더 편하게 마실 수 있다.

온도 유지하는 법
죽을 만들 때는 르쿠르제 냄비를 사용했고, 죽이 완성되면 뚜껑을 덮어 솜 보자기로 감싸놓았다. 3시간 정도 지나면 55℃ 아래로 식기 때문에 다시 가스 불에 올려서 55℃까지 데운 후 보자기로 보온한다.

아마자케 응용법

생강즙 첨가

두유 첨가

녹즙 첨가

과일 위에 뿌리기

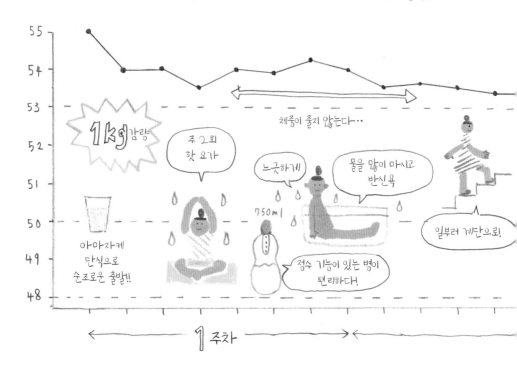

포기하고 싶어질 때 스스로 정한 항목들을 다시 읽어보면 꾸준한 동기 부여가 된다. 어른의 다이어트인 만큼 무리는 금물이지만, 내가 원하는 이상적인 체중으로 돌아가게 되면 45년간 묻혀 있던 쇄골과도 만날 수 있지 않을까 고대하고 있다. [추천 상품 → 96페이지]

작심삼일에서 탈출하는 7개 조항

1 매일 체중을 재고 그램(g) 단위로 기록한다.

2 하루에 2리터의 물을 수시로 마신다.

3 일주일에 3번은 8,000보씩 걷는다.

4 평일 음주는 삼간다.

5 저녁식사는 밥 대신에 두부나 낫토로 한다.

6 반신욕으로 땀을 충분히 흘려준다.

7 밤 11시에는 잠자리에 든다.

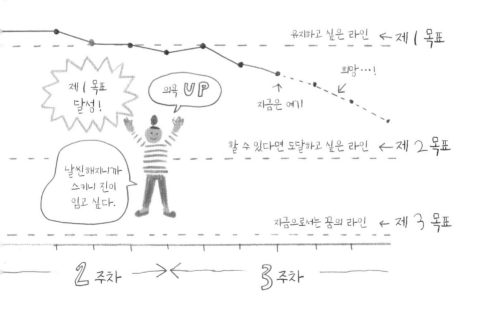

유지하고 싶은 라인 ← 제 1 목표

희망…!

지금은 여기!

제 1 목표 달성!

의욕 UP

할 수 있다면 도달하고 싶은 라인 ← 제 2 목표

날씬해지니까 스키니 진이 입고 싶다.

지금으로서는 꿈의 라인 ← 제 3 목표

2 주차 → ← 3 주차

섞기만 하면 완성되는
아로마 밤

　보디 케어와 릴랙싱 기능을 모두 갖춘 에센셜 오일을 오랫동안 애용해 오고 있다. 에센셜 오일 100g을 만들려면 라벤더는 10~20kg의 꽃 이삭이, 장미는 무려 300~500kg의 꽃송이가 필요로 할 정도로 순도가 높고 향도 순수하다. 잠깐만 향기를 맡아도 몸 여기저기 결리던 곳이 풀리는 기분이다. 요즘에는 취급하는 전문점도 많아졌는데 아직은 가격대가 높고 제품 종류도 다양하지 않다. 그래서 나는 인터넷에서 적당한 가격대의 오일을 구입해서, 쓰기 편한 밤 형태로 가공해서 사용한다. 자주 이용하는 사이트는 아이허브(iHerb). 필요한 재료(시어버터나 밀랍)들이 모두 갖춰져 있고 흔하지 않은 향도 만날 수 있다. 밤 형태로 만들면 에센셜 오일을 그대로 사용하는 것보다 향이 은은해져서 우리 집 사춘기 아들도 좋아한다. 특히 피곤하거나 안정을 취하고 싶은 날에 이렇게 만든 밤을 바르고 잠자리에 들면 숙면을 취할 수 있다.

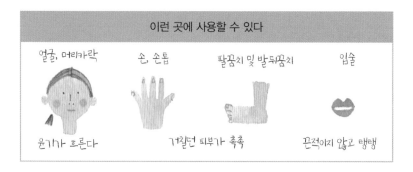

이런 곳에 사용할 수 있다

얼굴, 머리카락	손 손톱	팔꿈치 및 발뒤꿈치	입술
윤기가 흐른다	거칠던 피부가 촉촉		끈적이지 않고 탱탱

직접 만든 만능 밤, 섞기만 하면 OK

집에서 사용할 것은
차광이 되는 병에
↓
오일이나 에센셜 오일이
변질되는 속도를 늦춰준다.

휴대용은 가벼운
알루미늄 용기에

재료
시어버터
호호바 오일
비타민E 오일
밀랍(이상 1큰술 분량)
취향에 맞는 에센셜 오일… 10방울

혈행을 개선해 주는 비타민E
오일은 산화 방지 역할도

만드는 법
1. 내열용기에 시어버터와 밀랍을 넣고 전자레인지(500w)에서 처음에는 1분, 이후에는 상태를 확인하면서 10초씩 가열한다.
2. 완전히 녹으면 호호바 오일, 비타민E 오일, 에센셜 오일을 섞어서 보관용기에 넣고 식힌다.

iHerb
건강식품 및 영양제등을 취급하는 해외 직수입 사이트. 국내 매장에서는 구하기 어려운 상품들도 많이 구비되어 있다.
https://kr.iherb.com/

재료는 아이허브에서
구입했다.

주문을 외우면
혈액순환이 좋아진다

　요가 수업의 시작과 끝에 만트라(mantra)라고 부르는 주문을 외운다. 일종의 기도나 염원이라고 할까. 핫 요가에 대해 조금씩 알아가게 되자, 나도 '이렇게 되어야지' 하는 생각을 주문처럼 외우게 되었다. 예를 들자면 이런 식이다. '양 발 사이에서 머리끝까지 일직선으로~, 천장에서 실로 매달아 놓은 것처럼 등을 곧게 펴고~, 지친 내 몸을 위하여 편하게 할 수 있는 범위에서 심호흡~.' 같은 자세를 '유지하느라 피가 잘 안 통하는 느낌이 들 때 외우면 뻣뻣하게 굳었던 몸이 조금씩 펴지는 느낌이다.

　언어의 마법이란 것이 진짜 있는 것 같다! 이 마법을 믿게 된 이후로 뇌에 주문을 걸듯이 '몸속 깊은 곳까지 피가 잘 돌면 좋겠다, 모세혈관이 튼튼해지면 좋겠다' 하고 틈만 나면 연거푸 주문을 외운다. 얼굴과 목덜미, 쇄골 주의를 오일 마사지하면서 '림프절아, 뻥 뚫려라~', 두피를 문지르면서는 '흰머리야, 검어져라~', 출렁이는 팔뚝을 어루만지며 '지방아, 녹아 없어져라~' 하고 외친다. 그러면서 동시에 '언어의 기운아, 몸속 깊이 스며들어라~'라는 바람을 함께 담아 주문을 외운다.

　혈액순환이 잘 되면 몸 전체가 젊어진다. 자연치유력이 있는 한 80살, 90살의 노인이라도 효과가 있다고 하니 앞으로도 언어의 힘을 빌려서 나 자신을 계속 응원해 주고 싶다.

1 작은 원의 이미지를 떠올린다.

2 마음속으로 주문을 외우면서 이 작은 원이
몸 안에서 움직인다고 상상한다.

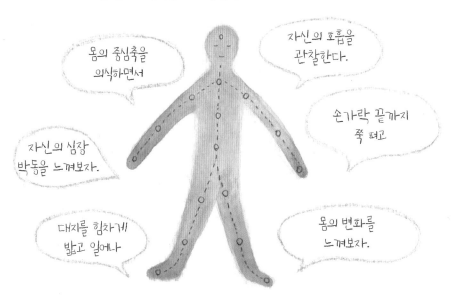

몸의 중심축을
의식하면서

자신의 호흡을
관찰한다.

자신의 심장
박동을 느껴보자.

손가락 끝까지
쭉 펴고

대지를 힘차게
밟고 일어나

몸의 변화를
느껴보자.

몸의 부조화를 개선해주는 아이템

화학 원료보다는 자연의 원료를 선택하거나
사용감이 좋은 제품들로 바꿔 나간다.

순비누

첨가물이 없는 고체 비누로 얼굴은 물론이고 머리카락, 몸 전체에 사용할 수 있다.
거품도 잘 나고 금방 헹굴 수 있어 사용감이 좋다.

천연 헤어 트리트먼트

순비누로 머리를 감으면 다소 뻣뻣함을 느끼게 되는데 이를 완화시켜 손으로
빗어도 부드럽게 해준다. 구연산과 물을 섞어 직접 만들어 쓸 수도 있다.

오가닉 헤나

100% 천연성분의 헤나는 오렌지색 계열이므로, 흰머리를 완벽하게 커버하려
면 화학성분이 소량 들어간 제품을 사용해야 한다.

덴텍 플로스 픽(컴플리트 클린 Y자형)

손잡이가 Y자 모양인 어금니용 치실. 끊어 쓰는 실 타입에 비해 사용이 편리하
고 가격도 부담 없다. 실이 매끈해서 잇몸에도 안심하고 사용할 수 있다.

치과용 칫솔

치과에서 추천하는 칫솔. 보통 헤드 부분이 작고 초미세모라서 구석구석 잘 닦
인다. 인터넷 쇼핑몰에서 묶음 상품으로 사면 편리하다.

정수 기능 물병

물을 넣으면 입구의 필터에서 걸러지는 구조의 정수 기능 물병. 나는 요가 수
업 때 물병을 들고 간다.

폼 롤러

폼 롤러에 등을 대고 눕기만 해도 등과 어깨 주변이 스트레칭 된다. 요가 할 때
뿐만 아니라 집에서도 유용하게 사용한다.

도어 짐(문틀 철봉)

문틀에 간단히 설치할 수 있고 잡고 매달려 있기만 해도 어깨 결림이나 굽은
등을 해결하는 데 효과적이다. 하루에 한 번은 도어짐을 이용해 운동한다.

비타민E 오일*

피부에 촉촉함을 더해주는 고농도 오일. 나는 Sundown Naturals 제품을 좋아
하는데, 크림 등에 소량 섞어서 사용한다. 입술처럼 민감한 부위는 주의하자.

*해외 직구 사이트에서 취급하는 상품이므로 안정성에 관해서는 개별 확인이 필요하다.

옷을 고르는 두 가지 원칙

마흔다섯을 넘기면서 붙은 살 때문인지 지금까지 입던 옷이 불편하다. 언제부터인가 편안한 옷만 고르는 나를 발견했다. 편안한 옷이 나쁘다는 뜻은 아니다. 하지만 꾸미기를 포기해서는 곤란하다. 적당한 옷으로 대충 넘어가는 날이 많아지면 기분도 함께 다운된다. 그래서 별로 마음에 들지 않거나 요즘 부쩍 나온 배 부분이 강조되는 옷들은 과감하게 정리했다. '살 빠지면 입을 수 있지 않을까' 하는 생각에 입지도 않는 옷을 옷장 깊숙이 넣어두기보다는 지금 내 마음에 쏙 드는 옷만 갖고 있으면 옷을 고를 때도 기분이 좋다. 옷을 정리할 때 세운 기준은 딱 2가지였다.

첫째, 나를 표현할 수 있는 '내 취향'의 디자인일 것. 둘째, 나의 체형을 보완해 줄 것. 여기서 가장 중요한 것이 '내 취향'이라는 기준인데 흔히 볼 수 없는 디자인이나 색상, 자수처럼 만든 사람의 정성이 느껴지는 옷들을 좋아한다. 시간을 내서 의류 매장을 들러보면 각자 눈에 쏙 들어오는 브랜드가 있을 것이다(참고로 나는 '엔폴드'를 좋아한다). 나는 디테일이 섬세하면서 체형을 커버해주는 디자인을 좋아하는 편이다. 세세한 부분에서 개성이 느껴지지만 어깨나 배 부분이 타이트하지 않아야 한다. 또 따로 구입한 바지와 셔츠를 매치시켰을 때 코디가 딱 떨어지는 디자인이 좋다. 그래야 중요한 약속이 있을 때 활용도가 높다. 이런 원칙 덕분인지 친구들에게 '멋지다'는 칭찬을 듣고 있다.

커팅 디자인이 예쁘고 입으면 편안한 셔츠

둥그렇게 떨어지는 드롭 숄더는
팔뚝을 얇아 보이게 한다.

노 카라 셔츠
목이 짧은 나도
쉽게 소화한다.

폭이 좁은 소매는
너무 길지도 짧지도
않아서
팔이 길어 보인다.

테이퍼드 팬츠는
다리의 라인을
가늘어 보이게 한다.

뒤쪽이 긴 언밸런스
스타일이라
엉덩이를 가려준다.

폼폼 가방
(라오스
민속 공예품)

넉넉한
원피스에는
취향에 맞는
소품으로
포인트를 준다.

타이트하지
않은 편안한
핸드메이드
원피스

직선 라인을 살리면 날씬해 보인다

피팅룸의 거울에 비친 내 모습은 마치 주먹밥을 뭉쳐놓은 것처럼 보였다. 나는 현실을 직시하고 진지하게 생각했다. 과연 어떤 옷을 입어야 조금이라도 날씬해 보일 수 있을까?

첫 번째 방법은 부드럽고 풍성한 소재 대신 딱 떨어지는 느낌의 소재를 선택하는 것이다. 다음은 부드러운 실루엣보다 직선의 느낌을 살린 디자인을 선택하는 것이다. 예를 들어 롱 블라우스를 고를 때는 옷의 끝자락이 넓게 퍼지는 A라인보다 길고 가늘어 보이는 I라인을 선택한다. 펑퍼짐하고 헐렁한 차림으로 있으면 더 편한 옷만 찾는 '늘어진 아줌마'가 되기 십상이다. 또 같은 옷이라도 구깃구깃하게 입는 것이 아니라, 다림질해서 반듯하게 각을 세우면 그것만으로도 깔끔해 보인다.

또 다른 방법은 내 신체 중에서 곧게 뻗은 부분만 보여주는 것이다. 이를테면 목선이나 팔꿈치 아래쪽의 팔목 부분, 종아리부터 발목까지를 말한다. 여기는 살이 잘 붙지 않아 곧게 뻗어 있으므로 드러내는 편이 훨씬 날씬해 보인다. 동일한 상의라도 긴 소매를 완전히 내려 입었을 때와 10cm 정도 팔을 걷고 입었을 때를 비교해 보면, 후자가 훨씬 날씬하고 경쾌한 느낌을 준다. 여기에 한 가지 팁을 더하자면, 두꺼운 뱅글 팔찌로 포인트를 주면 팔 라인을 더 가늘어 보이게 연출할 수 있다. 또 발등을 드러내면 더욱 여성스럽고 다리가 길어 보이는 효과가 있다.

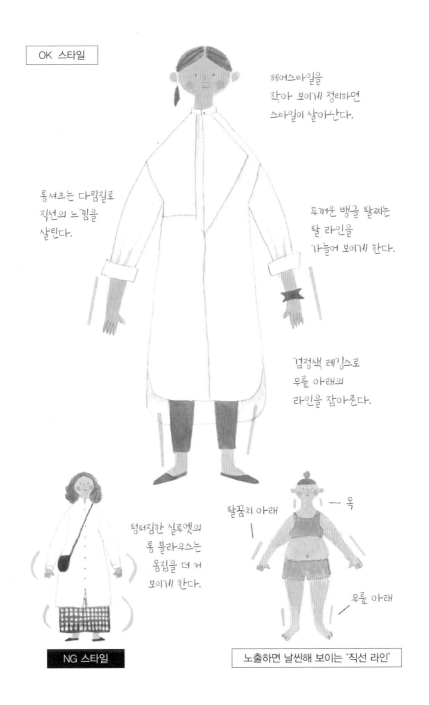

OK 스타일

헤어스타일을
작아 보이게 정리하면
스타일이 살아난다.

롱셔츠는 다림질로
직선의 느낌을
살린다.

두꺼운 뱅글 팔찌는
팔 라인을
가늘어 보이게 한다.

검정색 레깅스로
무릎 아래의
라인을 잡아준다.

덩떠짐한 실루엣의
롱 블라우스는
옴집을 더 커
보이게 한다.

팔꿈치 아래

— 목

무릎 아래

NG 스타일

노출하면 날씬해 보이는 '직선 라인'

101

양말로 멋 내기

양말 취향이야 사람마다 다르겠지만 나는 살이 비쳐 보이는 팬티 스타킹만큼은 좋아하지 않는다. 어린 시절 막연히 떠올리던 섹시한 어른들의 상징이어서 그런지도 모르겠다. 아무튼 지금 내 나이에 맞는 캐주얼하고 실용적인 느낌의 스타킹을 찾기는 어렵다. 반대로 '양말은 너무 애들 같아 보여서 별로'라고 느끼는 성인 여성들도 있을 것이다. 하지만 발목에서 7~10cm 정도 올라오면서 무난한 색상의 무늬 없는 양말은 어른스러우면서도 쉽게 소화할 수 있다. 올 블랙의 코디에는 마치 액세서리를 하듯 빨강이나 파란색 양말을 포인트로 매치하면 스타일리시한 느낌까지 연출할 수 있다.

여학생처럼 산뜻하게

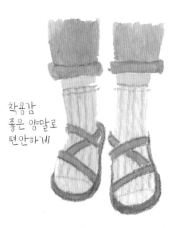

착용감 좋은 양말로 편안하게

로퍼 X 네이비 양말

하얀 셔츠에 검정색 플리츠스커트처럼 교복 느낌의 클래식한 스타일에는 네이비 톤의 양말을 매치한다.

스포츠 샌들 X 회색 양말

발이 편한 스포츠 샌들과 양말의 조합은 의외로 스커트나 원피스에도 잘 어울린다. 코디 전체를 발랄하게 해주는 효과가 있다.

팬츠 스타일을 큐티하게

발목이 살짝
보이는 것이
포인트!

펌프스 x 흰색 양말

펌프스에 양말을 신는 것도 좋다. 심플함에 러블
리한 매력을 더해준다.

블랙 코디의 포인트 컬러로

뒤꿈치에서
15cm 정도 올라오는
양말이 원피스와
잘 맞는다.

검정색 신발 x 빨간색 양말

올 블랙 코디에 빨간색 양말을 포인트 컬러로 매
치하면 한층 모던하고 세련된 인상을 준다. 가방
이나 네일 컬러와 매치해도 멋있다.

멋 내기는 중저가
브랜드를 이용한다

47세가 된 내가 스타일링에서 가장 중요하게 생각하는 부분은 깔
끔함이다. 그래서 오히려 중저가 브랜드의 제품들을 더 많이 활용
한다. 부담 없는 가격대에도 착용감 좋은 아이템들이 많고 무엇보
다 새로 사 입기에 부담이 없다.

마음에 든다고 낡은 옷을 계속 입거나, 보풀을 떼고 주름을 펴도
여전히 낡은 옷을 보고 속상해 하는 일이 줄어들면서 이제는 없어
서는 안 될 필수 아이템이 되었다. 그중에서도 캐시미어 스웨터는

첫 인상에서 가장 중요한 것은 깔끔함

CHECK 1
보풀은 없나?

CHECK 2
소매가 늘어나지
않았나?

CHECK 4
하의가
쭈글쭈글하거나
늘어나지
않았나?

CHECK 5
플랫 슈즈의 앞코가
까지지 않았나?

CHECK 3
색이 바래지
않았나?

2~3년에 한 번씩 새 옷으로 바꿔준다. 주로 H&M이나 자라 브랜드에서 구입하는데 감촉이 좋고 따뜻하며 디자인도 심플하다. 또 집에서 세탁을 해도 보풀이 잘 생기지 않는다.

단, 메인 의상이 다른 사람들과 겹치는 것은 원치 않아서 중저가 브랜드에서는 양말이나 타이즈, 재킷 안에 받쳐 입는 상의, 그리고 기본적인 데님 정도만 산다. 자신의 취향이 담긴 좋아하는 옷과 예쁘게 매치시켜 전체적으로 저렴해 보이지 않게 입는 것이 포인트다.

2만 원대 이하의 제품은 매년 새로 사고, 5만 원대 이상은 2~3년에 한 번꼴로 바꾼다. 멋을 내려면 이 정도는 써야 한다는 생각으로, 매 시즌마다 15만 원 정도를 새 옷의 예산으로 잡고 있다.

핸드메이드 액세서리는 소재에 유의하자

핸드메이드라고 하면 만들기도 어렵고 자칫 저렴해 보일까봐 걱정하는 사람들이 많은데 소재만 잘 선택하면 성숙하고 우아한 분위기를 낼 수 있다. 젊었을 때는 자신의 행복한 모습을 과하게 어필하는 것처럼 보여서 거부감도 들었지만, 지금은 '저 이런 취미 가진 사람이에요'라는 것을 당당하게 보여줄 수 있어서 나름 만족하고 있다. 세상에 하나밖에 없는 물건이라서 그런지 자신감도 생기고, 누군가와 처음 만나는 자리에서는 자기소개를 대신하는 의미로 착용하기도 한다. 여기서는 초보자들도 쉽게 만들 수 있는 3가지 아이템을 소개한다.

래핑 목걸이

린넨 소재나
실크를 추천

재료
4 × 132cm 원단
직경 12mm의 아크릴 비즈 30개

만드는 법
1. 원단을 길게 반으로 접고 끝에서 20cm 위치에 창구멍(10cm)을 남기고 꿰맨다.
2. 젓가락 등을 이용해서 겉으로 뒤집는다.
3. 양쪽 끝에 리본 모양으로 묶을 길이(35cm)는 남겨두고 창구멍을 통해 비즈를 넣는다.
4. 바늘에 실을 꿰어 비즈를 넣은 맨 끝부분을 실로 3번 정도 칭칭 감아서 꽉 묶어준다.
5. 4와 같은 방법으로 비즈와 비즈 사이를 실로 묶어서 고정한다.
6. 30개의 비즈를 모두 고정한 다음 창구멍을 막아준다.

컬러풀 스웨이드 귀걸이

액세서리용
컬러 스웨이드

재료
스웨이드 원단 5 × 10cm
링 귀걸이

만드는 법
1. 패턴에 맞춰 스웨이드 원단을 40
   개 정도 잘라내어 약간 두꺼운
   바늘로 구멍을 낸다.
2. 커다란 링 귀걸이에 1을 끼운다.

실물 크기의 패턴

폼폼 가방

재료
털실 (원하는 크기나 밀도에 따라
분량을 조절한다.)

만드는 법
1. 원하는 폼폼 사이즈의 직경과 같
   은 크기의 골판지를 준비한다.
2. 골판지에 100회 정도 털실을 감
   아준다.
3. 감은 털실을 골판지에서 빼내어
   한가운데를 묶어준다.
4. 위아래를 가위로 잘라 동그란
   모양으로 다듬는다.
5. 바구니형 가방이나 에코백에 꿰
   매 달거나 동일한 털실로 고정하
   면 완성.

헤어 고민을 근사하게
커버하자

흰머리가 아니라도 머리와 관련된 고민은 한두 가지가 아니다. 앞쪽 머리숱도 점점 줄고 머리카락도 한 올 한 올 가늘어진다. 만져 보면 푸석거리고 군데군데 삐죽 튀어나온 돼지털 같은 잔머리도 거슬린다. 샴푸나 염색 방법을 바꿔서 근본적인 개선을 해 나가면서, 평소 코디를 할 때도 머리 쪽을 조금 더 신경 써서 꾸며준다.

그중에서도 헤어 터번과 모자는 최고의 아이템이다. 문제 있는 헤어 쪽을 자연스럽게 감춰주고 코디에 포인트를 더해주는 믿음직한 아이템이어서 자주 이용한다. 터번은 내가 직접 만든다. 가운데 공간이 생기도록 천을 길게 접어서 바느질만 하면 끝이기 때문에, 직접 만들어도 30분 정도면 충분하다. 린넨이나 코르덴 소재의 천으로 몇 개 만들어 놓고 매일 코디에 맞춰 활용한다. 뿌리 쪽에 자라난 흰머리를 감추기에도 제격이라 터번 만들기 원데이 클래스를 열었을 때는 엄청난 호응을 얻었다. 모자는 계절별로 활용할 수 있도록 여러 가지 색상을 갖고 있는데, 나는 특히 베레모를 좋아한다. 멋지게 코디한 모자 하나는 패션 전체를 스타일리시하게 완성하는 역할을 한다.

또 하나 빼 놓을 수 없는 아이템이 헤어 파운데이션이다. 퍼프나 브러시로 살짝만 발라줘도 흰머리가 감춰져서 정말 편리하다. 엄마에게도 선물했더니 굉장히 좋아하셨다. [추천 상품 → 118페이지]

헤어 터번

재료
20 × 105cm 원단

만드는 법
1. 천을 길게 반으로 접어서 창구멍을 남기고 꿰맨다.
2. 창구멍을 통해 바깥으로 뒤집고 창구멍을 막아준다.

귀가 밖으로
보이지 않아야
우아해 보인다.

베레모

검정이나 회색 같은
무난한 색상이 좋다.

헤어 파운데이션

손가락 하나 정도
들어갈 수 있는
사이즈가 좋다.

'헤어 컨실러'
라고도 한다.

↑
한쪽 귀는 살짝
가려준다.

한쪽 귀에만
귀걸이를 해서
밸런스를 맞춘다.

톡톡 두드려
주기만 하면 흰머리가
커버된다.

엄마도
아주
좋아하신다.

초췌해 보이지 않게
머리 묶는 방법

어깨 아래로 내려오는 긴 머리는 보통 스타일링에만 20분 이상이 소요된다. 그렇다고 아예 짧게 자르면 2개월에 한 번씩은 미용실에 가야 깔끔함이 유지된다. 게으른 성향인 나에게는 가급적 중간 정도 길이를 유지하면서 관리하기 편하고 윤기 있어 보이는 스타일이 가장 이상적이다.

그래서 생각해낸 방법이 어른들에게도 잘 어울리는 하나로 묶는 스타일이었다. 이 스타일이라면 5분 만에 할 수 있어서 바쁜 아침 시간에도 손쉽게 완성할 수 있다. 다만 조금만 잘못 손질해도 초췌한 아줌마처럼 보일 수 있다는 단점이 있으니 주의해야 한다.

가장 괜찮았던 스타일은 두 가지였다. 먼저 귀 높이보다 약간 아래 위치에서 하나로 묶는 스타일이다. 옆머리로 귀를 살짝 덮어주면 클래식하고 차분한 분위기를 낼 수 있다. 두 번째는 귀 높이에서 묶는 방법인데 활기차고 밝은 인상을 준다(이보다 더 높이 묶으면 너무 젊어 보이려고 하는 것 같아서 NG). 이때 잔머리까지 단정하게 올려 묶는 것이 포인트. 아로마 밤(앞에서 소개한)을 머리카락에 골고루 바르고 묶으면 귀밑머리까지 깔끔하게 정리된다.

그리고 두 스타일 모두 더욱 자연스럽게 마무리할 수 있는 요령을 하나 소개한다. 머리를 묶은 후, 한 손으로 고무줄 부분을 꽉 잡고 윗머리를 살짝 빼주는 것이다.

우아하고 차분한 인상을 주고 싶을 때

손으로 대충
쓸어 올리는
느낌으로

고무줄을 잡고 머리를
살짝 느슨하게 빼면
자연스럽다.

고무줄 부분을 꽉 잡고서 ●를
조금씩 빼 준다. ●를 살짝
빼서 귀를 덮는다.

왁스로
잔머리에
윤기를
더해준다.

귀보다 아래로
묶을 때는 옆머리로
귀를 덮어준다.

바싹 당겨서
묶으면
나이 들어
보인다.

젊고 활기차 보이고 싶을 때

뒤통수 쪽 머리를
살짝만 빼서
볼륨감을 준다.

묶는 위치는
귀 높이와
동일하게

고무줄 부분을
꽉 잡고
●를 위쪽
방향으로
조금씩
빼 준다.

위쪽 머리는
볼륨감 있게,
옆머리는
딱 붙여서

흘러내리는
잔머리는 초췌해
보인다.

목덜미 쪽에
볼륨이 들어가면
나이 들어 보인다.

화장이 진하면
나이 들어 보인다

화장을 하면서 크게 달라진 한 가지는 파운데이션을 사용하지 않게 되었다는 것이다. 베이스 화장은 CC 크림으로 끝내는데 바꾼 지는 5년쯤 되었다. 해마다 늘어나는 기미와 다크 서클, 모공은 파운데이션을 아무리 두껍게 발라도 감춰지기는커녕 오히려 도드라져 보였다. '그렇다면 차라리 파운데이션을 포기하자'는 생각에 지금까지 써 오던 베이스 제품들만 바르게 되었다. 커버력은 없어도 맨 얼굴인 듯 자연스럽게 화사해지면서 화장을 마무리하면 생기 있어 보인다. 실제 나이보다 젊어 보이는 느낌도 들고 자신의 혈색이 보일 정도로 소량만 얇게 발라줘도 충분해서 피부에 부담도 없다.

다른 아이템들도 촉촉함을 더해주는 제품들이 잘 맞는다. 크림 치크나 크림 아이섀도가 좋고, 립스틱도 매트한 질감이 아닌 바르면 입술이 탱탱해 보이는 립글로스 타입이 좋다. 눈썹과 아이라인, 마스카라의 경우 블랙 계열은 너무 선명해서 어딘가 부자연스럽고 나이 들어 보이는 것 같아 최대한 피한다. 자신의 눈 색깔에 가까운 컬러가 가장 예쁘게 보인다는 생각에 눈 화장은 모두 갈색 계열을 선택한다.

이 밖에도 잠깐이지만 메이크업 전에 마사지를 꼼꼼히 해 준다. 적당량의 에센셜 오일로 얼굴 전체의 근육을 풀어주면 혈색도 좋아지고 화장 후의 표정도 한층 밝아진다. [추천 상품 → 118페이지]

BASE MAKE 파운데이션을 쓰지 않는 베이스 메이크업

자연스러운
윤기를
더해준다.

샤넬 CC 크림

겔랑 메테오리트
구슬 파우더

세안이 쉬운
제품이 좋다.

BB 크림

POINT MAKE

포인트 메이크업에
검정색은
사용하지
않는다.

● 치크 & 립

볼터치와
립 메이크업 공용의
톤 다운된 레드 컬러

● 립글로스

ADDICTION

퍼플 계열 컬러

● 아이 브로우

● 아이라인

TR.A.B.E

액상 타입
다크 브라운 컬러

데피니션 타입   ● 마스카라

속눈썹의 볼륨감을 살려주는
마스카라,
내추럴 브라운 컬러

나이 들어 보이므로 주의하자	사용하지 않는 아이템
• 파운데이션 두껍게 바르기, 눈가에 바르기 • 눈매를 강조하는 아이템 • 촉촉하지 않은 입술 메이크업	• 파운데이션 • 블랙 아이라인·마스카라 • 매트한 립스틱

나에게 어울리는 네일 아트를
집에서 즐기자

꾸미는 즐거움을 알게 해 주는 가장 작은 공간, 손톱이다. 아무런 일정이 없는 날에도 손톱이 예쁘게 손질되어 있으면 기분이 덩달아 좋아진다. 반대로 손톱이 조금씩 벗겨지기 시작하면 누군가를 만나는 것조차 주저된다. 그래서 가끔씩 가게 되는 네일숍보다는 일주일에 한 번이라도 내가 하고 싶을 때 즉시 할 수 있는 셀프케어를 선호한다.

매니큐어를 바를 때는 손톱의 모양과 잘 어울리는 디자인을 선택하는 것이 중요하다. 나는 둥그런 손톱이 콤플렉스였는데 이런 손톱에는 의외로 평범하지 않은 디자인이 어울린다. 예를 들자면 손톱 끝부분에만 색을 입히는 디자인 같은 것 말이다. 어떤 색상을 선택해도 과해 보이지 않고 개성을 드러낼 수 있다. 반대로 길고 곧은 손톱에는 깨끗한 디자인이 어울린다. 베이지나 그레이 같은 누드 컬러 하나만 발라줘도 멋지기 때문에, 긴 손톱을 가진 사람만의 특권인 것 같아 부럽기도 하다. 나는 레드 계열 칼라를 제일 좋아하지만 귀걸이나 마스카라의 색깔에 맞춰서 발라도 예쁘다.

매니큐어를 오래가게 하려면 탑코트가 필요한데, 시간이 없을 때는 집에서 할 수 있는 젤 네일을 추천한다. 젤 네일을 굳히는 데 필요한 젤 램프는 2~3만 원에 살 수 있고 딱 30초만 말려주면 매끈하고 단단하게 굳어 편리하다. [추천 상품 → 118페이지]

짧은 손톱에도 잘 어울리는 네일

손톱 끝에 살짝
반원을 그리듯 바른다.

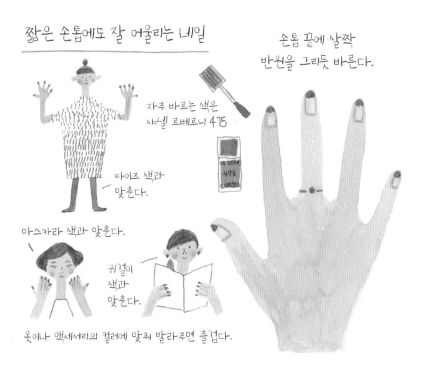

자주 바르는 색은
샤넬 르베르니 475

타이즈 색과
맞춘다.

마스카라 색과 맞춘다.

귀걸이
색과
맞춘다.

옷이나 액세서리의 컬러에 맞춰 발라주면 즐겁다.

탑코트 대신 젤 네일을 활용하자

젤 램프만 있으면
30초 만에
완성!

비오틴 영양제

아이허브에서
구입.

Biotin

젤 네일
제거용
네일 파일

파일로 너무 많이
갈아내지 않도록 주의!

즉시 말라서
바쁠 때도 OK!

손톱이
갈라지지
않아!

기분까지 좋아지는
당당한 맨발

매끈매끈 발뒤꿈치로
샌들을 신고 싶어!

페디큐어에도 도전!

발은 피부 관리를 하면서도 대충 넘어가게 되는 부위이다. 특히 발뒤꿈치는 더욱 관심 밖이다. 여름이면 맨발에 샌들 차림으로 외출하는 경우가 많은데 발뒤꿈치와 발가락 주위가 굳은살로 덮여 있으면 대놓고 아줌마 티를 내는 것 같아서 민망하다. 그래서 6월이면 1년에 한 번씩 세심하게 각질 관리를 해 주고 있다.

대충 넘어가는 것을 좋아하는 내가 게으름 피우지 않고 꼬박꼬박 하는 이유는, 필링제가 들어 있는 전용 부츠에 30분 동안 발만 넣고 있으면 해결되기 때문이다. 아프거나 가렵지도 않고, 1주일만 지나면 오래된 각질들이 뚝뚝 떨어져 나가면서 보드라운 아기 피부로 변신한다. 이후에는 꼼꼼하게 보습 케어만 잘 해주면 된다. 사람들마다 각자 방법이 있겠지만 나는 비타민E 오일과 시어버터를 섞어서 마사지해준다. 매끈해진 발을 보면 즐거운 마음으로 꾸준히 관리할 수 있다.

겨울철 건조함 때문에 가장 손상 입는 부위도 발뒤꿈치다. 피부가 갈라지면서 아플 때가 많았는데 전동 각질 롤러를 접한 후로는 힘들이지 않아도 되어 좋다. 섬세한 롤러가 피부를 얇게 깎아내기 때문에 마치 전문 관리사가 손질해 준 것처럼 깨끗해진다. 내 손으로 강도를 조절할 수 있다는 점도 좋다. 단 자신의 피부 상태에 맞춰 사용해야 한다. [추천 상품 → 118페이지]

거칠고 건조한 겨울철에는 전동 각질 제거 롤러

각질이 눈처럼 쌓인다…

아들한테 받은 생일선물 살짝 서글픈 생각아…

숄의 '벨벳 스무스' 각질제거기

여름철 각질 관리는 필링

필링제가 들어 있는 부츠를 신고 30분

1주일이 지나면 매끈해진다.

양말형 발 팩

40대 여성에게 추천하는 뷰티 아이템

베이스 메이크업과 포인트 메이크업을 모두 가볍게 하는 것이 핵심. 한 듯 안 한 듯 자연스러운 메이크업과 촉촉함을 잡는 것이 중요하다.

헤어 파운데이션(컨실러)

이마 쪽 헤어라인이나 관자놀이 등에 살짝 올라온 흰머리를 커버할 때 편리하다. 제품 안에 동봉된 퍼프로 원하는 부위를 톡톡 두드려 주면 손쉽게 커버된다.

액상 타입 아이라이너

아이라이너에는 펜슬형, 액상형, 붓펜형, 젤라이너형 등이 있다. 이 중에서 액상형은 아주 얇게 그릴 수 있는 등 섬세한 메이크업이 가능하고 발색력도 좋다. 너무 진하지도 연하지도 않은 밸런스 좋은 컬러를 선택하면 피부 톤에 잘 어우러지면서 눈동자도 더 예쁘게 표현할 수 있다.

루스 파우더

너무 번쩍이지 않는 자연스러운 광택으로 칙칙한 피부를 커버해준다. 선크림을 바르고 루스 파우더만으로 마무리하는 날도 있다. 나는 겔랑 구슬 파우더를 애용한다.

선크림

SPF30 PA +++ 정도의 선크림을 선택한다. 얇게 펴 발라지면서 촉촉해 보이고, 따뜻한 물로 세안하면 잘 지워지는 제품이 좋다.

치크 앤 립

입술과 볼에 동시에 쓸 수 있는 훌륭한 아이템. 나는 혈색을 살려주는 장밋빛 레드 계열을 좋아한다.

네일 컬러

나는 샤넬의 르베르니 제품을 좋아한다. 바를 때 뭉치지 않고 건조 속도도 빨라서 매끈하게 완성할 수 있기 때문이다. 게다가 발색도 예쁘고 광택도 오래간다.

비오틴*

머리카락, 손톱, 피부의 건강 유지에 도움을 주는 비오틴 정제. 나는 아이허브에서 Natrol 제품을 구입했는데 갈라지던 손톱이 단단해진 느낌이다.

전동 각질 제거기

전동이라서 각질이 골고루 제거되고 꾸준히 관리해 주면 매끈해진다. 나는 숄의 '벨벳 스무스' 제품을 사용 중이다.

양말형 발 팩

필링제가 들어 있어서 양말처럼 신고 있다가 물로 씻어주면 며칠 후에 각질이 떨어져 나간다. 나는 매년 여름이 오기 전에 사용한다.

*해외 직구 사이트에서 취급하는 상품이므로 안정성에 관해서는 개별 확인이 필요하다.

4

호
기
심
—

10년 후에도 알찬 하루를 보낼 수 있는 노하우

다시 편지를 쓰자

아이가 삶의 중심이 되면 대부분은 집이나 동네 근처에서 시간을 보낸다. 활동의 범위가 좁아지고, 평소에 연락을 주고받는 사람들도 가족이나 아이와 연결된 사람들 위주가 된다. 연락은 예외 없이 SNS로 주고받는다. 아들의 학교와 학원 친구의 엄마들이 만든 그룹 채팅방에는 쉴 새 없이 메시지가 오고간다.

그러던 어느 날 나보다 몇 살 어린 여성에게서 편지 한 장을 받았다. 답답했던 일상에 숨통이 트이는 기분이었다. 메일이나 SNS가 아닌 아날로그 감성의 종이를 접하니 무척 기뻤다. 그 편지를 받고

삼각형
향기 주머니
만드는 법

재료
• 색종이 1장으로 주머니 4개를 만들 수 있다
• 화장 솜
• 취향에 맞는 에센셜 오일

나서 새삼 깨달았다. 나도 직접 손을 움직여서 하는 일을 좋아하는 데…. 편지를 주고받으며 두근거렸던 그 시절이 떠올랐다.

호기심을 키우겠다고 새로운 취미에 도전하는 것보다는 예전 취미를 되살리는 게 쉬울 것이다. 나에겐 그 취미 중 하나가 편지 쓰기다. 맘에 드는 필기구를 준비하는 것만으로도 설레고, 과거의 내 시간과 습관을 다시 찾은 것만 같아서 가슴이 벅찼다.

편지뿐만 아니라 '향기 주머니(文香)' 만들기에도 재미를 붙이고 있다. 원래는 전통 종이 전문점에서 판매하는 향내 나는 종이를 쓰지만, 나는 캐주얼한 느낌을 원해서 좋아하는 향기의 에센셜 오일로 직접 만들고 있다. 편지 봉투에 편지와 함께 넣으면서, 향기와 함께 내 마음까지 전해지길 바란다.

1. 화장솜을 가로세로 1cm 크기로 잘라 에센셜 오일을 적셔준다.

2. 4등분한 색종이를 반으로 접어 1의 화장 솜을 그 사이에 넣는다.

3. 가운데를 중심으로 60도로 접는다.

4. 반대편도 60도로 접어준다.

5. 뒤집어서 ⭐의 라인에 맞춰 살짝 접어 금을 내준다.

6. 고깔 모양의 안쪽으로 접어 넣는다.

7. 향기 주머니 완성

나뭇가지 인테리어로
계절을 즐기자

단풍

미모사

청미래
덩굴

실내로 계절을 들여오면 나까지 싱그러운 활기가 샘솟는 느낌이다. 절화로 꽃꽂이하는 것도 좋지만 요즘은 나뭇가지에 더 마음이 간다. 물만 갈아주면 꽃보다 훨씬 오래가서 2주 이상 즐길 수 있다. 나뭇가지가 뻗어 나가는 모습은 다이나믹하고 한 편의 그림 같기도 하다. 신선한 잎사귀가 방안을 채울 때 감도는 싱그러움도 좋다. 종류에 따라서는 가지에서 새싹이 나거나 꽃이 피기도 하고 열매를 맺기도 해서 변화하는 모습을 감상할 수 있다는 점도 꽃꽂이와는 다른 매력이다.

'그렇다면 봄과 여름에만 즐길 수 있는 것 아닌가?'라는 의문이 들지도 모르겠다. 하지만 그렇지 않다. 봄에는 꽃이 좋은 미모사나

테이블 중앙에
단풍철쭉을
대담하게 장식하면
실내가 상쾌해진다.

복숭아나무로, 여름에는 푸른 잎이 아름다운 단풍철쭉으로, 가을과 겨울에는 빨간 열매가 달린 청미래 덩굴로 집안을 장식할 수 있다. 요즘은 일반 화원에서도 다양한 종류의 식물을 판매하고 있어서 일 년 내내 지루할 틈이 없다. 전체적인 컬러가 심플하기 때문에 어떤 인테리어와도 자연스럽게 어우러진다. 꽃은 화려하지만 개성이 강해서 실내에 잘 녹아들지 않는 경우가 있는데 나뭇가지 인테리어는 그런 걱정이 없다.

나는 내친김에 홀름가드(Holmegaard) 브랜드의 꽃병도 구입했다. 안정감이 있어서 커다란 나뭇가지와도 잘 어울리기 때문이다. 점점 화원을 들르는 시간이 즐거워진다.

*청미래덩굴(Wild Smilax)
　화원에서는 흔히 멍개나무, 망개나무라 부른다. 입이 두껍고 윤기가 흐르며 겨울에 열매가 붉게 변하기 때문에 꽃꽂이 재료로 인기가 좋다. 봄에는 황록색의 작은 꽃을 피운다. 청미래덩굴은 암수가 다른 그루식물이므로 암나무에서만 열매가 열린다.

*미모사(Sensitive Plant)
　양치류를 닮은 잎은 건드리거나 자극을 주면 움츠러들면서 아래로 늘어진다. 조금만 건드려도 재빠르게 반응하는 것은 잔잎과 잎자루의 아래에 있는 특수세포가 수분을 빠르게 방출하기 때문이라고 한다. 여름철에 작은 공 모양의 연보라색 꽃이 핀다.

*단풍철쭉
　가을이 되면 선명한 붉은색을 띄어서 단풍철쭉이란 이름을 얻었다. 봄에 방울 모양의 흰 꽃이 피고 작은 열매를 맺는다. 양지와 음지 모두에서 잘 자라고 추위에도 강하며 대기오염에 대한 저항성도 강하다고 알려져 있다.

해시태그 검색으로
흥밋거리를 찾아보자

　인스타그램을 시작한 지 3년 정도 되었는데 이제는 없어서는 안될 존재가 되었다. 단순히 업로드하는 즐거움만 주는 것이 아니라 흥밋거리를 찾는 데 아주 편리한 도구이기 때문이다. 옥석을 가리기 힘든 인터넷 사이트와는 달리, 팔로우한 사람들이 올린 게시물만 모아서 보여주는 구조라 자신의 감각에 맞는 정보를 접할 확률이 상당히 높다.

　앱에 접속하면 나만의 전용 잡지를 보고 있는 기분이다. 상점이나 미술관, 카페, 여행지, 음식들처럼 멋지고 근사해 보이는 정보들이 많아서 지금 당장이라도 체험해 보고 싶어진다.

여기의 ✚ 버튼을
누르면 새로운
앨범을 만들 수 있다.

✚ 앨범

음식　　샵

여행　　액세서리

마음에 드는 사진은
휴대폰의 사진 앱 안에
앨범을 만들어서
저장해 두면 편리하다.

스마트폰

정보를 찾을 때도 가장 편하고 빠르다는 점에서 요즘은 인스타그 램이 제격이다. 글자가 아닌 사진으로 볼 수 있다는 점도 마음에 든다. 찾고 싶은 키워드에 '#(해시태그)'를 붙여 검색하면 동일한 키워드로 올라온 게시물의 사진만 모아서 볼 수 있기 때문에, 직감을 따르는 나 같은 사람에겐 아주 편리하다.

예를 들자면, 한동안 인도카레에 빠져 있었던 적이 있다. '#인도 카레'로 검색해서 나온 수많은 사진들 중에서 마음에 드는 사진을 클릭하고 장소와 분위기, 대기 예약이 있는지 없는지를 체크한다. 이렇게 하니까 조사 → 발견 → 일정 잡기가 한 번에 해결되면서 실제 행동으로 옮기기가 아주 수월해졌다. 그뿐만이 아니다. 가까운 곳으로 당일여행을 가고 싶다면 #당일여행으로 검색해서 마음에 드는 곳을 선택하면 된다. 거실에 화분을 들이고 싶을 때는 #실내 식물 혹은 #공기정화식물로 검색해서 자신의 거실 분위기에 맞는 식물을 고르면 된다.

#김밥

#indoorplants

SNS는 어디든 들어갈 수 있는 문

따끈따끈한 정보를 입수할 수 있다.

#핸드메이드귀걸이

원데이 클래스에 참가해
호기심의 문을 열자

원데이 클래스라고 하면 체험 이벤트를 말한다. 듣고 보기만 하는 강습과는 달리 실제로 만들고, 쓰고, 먹어 보는 체험을 할 수 있다는 점이 특징이다. 요즘엔 SNS에서도 쉽게 찾아볼 수 있고 신문사, 백화점, 서점에서도 종종 안내 전단지를 볼 수 있는데 나는 구청이나 주민센터에서 주최하는 원데이 클래스를 자주 이용한다. 잘 보면 의외로 재미있는 기획들이 많다.

전통 음식 만들기부터 계절 행사, 다도 체험, 북유럽풍 소품 만들기, 농사 체험까지 다양한 클래스들이 개설되어 있다. 참가자의 연령대도 다양해서 혼자 가도 전혀 어색하지 않고 자연스럽게 동참할 수 있다. 관련 정보는 주로 구민 정보지에서 확인한다. 반대로 신문사나 백화점 등에서 주최하는 화려한 느낌의 원데이 클래스는 친구를 불러서 함께하면 긴장감 없이 즐길 수 있다.

무엇보다 여행지에서 열리는 원데이 클래스는 꼭 참가해 보기를 바란다. 나는 미야코지마(일본 오키나와의 섬 중 하나—역주)와 라오스에서 열린 쿠킹 클래스에 참가한 적이 있는데, 현지 시장에서 장도 보고 난생 처음 보는 식재료를 손질해서 그 지역 사람들과 함께 나누어 먹으며 일반 여행이라면 꿈꾸지 못할 특별한 체험을 했다. 그곳의 삶을 있는 그대로 느낄 수 있다는 점이 여행지에서 하는 원데이 클래스의 묘미다.

라오스 여행에서 참가했던 쿠킹 클래스

토마토와 가지를 넣은
소스 만들기

툭툭(오토바이를 개조한
삼륜택시-역주)을 타고
물건을 사러 시장으로

정글 속에서
요리 체험

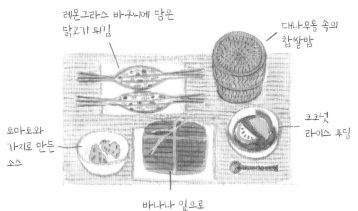

레몬그라스 바구니에 담은
닭고기 튀김

대나무통 속의
찹쌀밥

토마토와
가지로 만든
소스

코코넛
라이스 푸딩

바나나 잎으로
감싼 민물생선찜

• 장소: 라오스 루앙프라방   • 주최: 타마린드 레스토랑   • 시간: 6시간   • 비용: 4만원

인터넷에서 직접 사고팔아 보자

전업주부인 친구들 중에서도 육아 중에 틈틈이 만든 가방이나 액세서리를 인터넷에서 판매하는 이들이 많다. 주문을 받고 손님과 의견을 나누다 보면 하나둘씩 만들고 싶은 작품이 떠오른다고 하는데, 다들 정말 즐거워 보인다. 핸드메이드 오픈 마켓(국내에서는 아이디어스, 더누보 등-역주)을 이용하면 누구나 작품을 사고팔 수 있다. 세계적 핸드메이드 스토어 플랫폼인 엣시(Etsy)를 이용할 수도 있다. 일정 절차를 거쳐 판매자로 등록하면 자유롭게 자신의 작품을 올릴 수 있다. 휴대폰으로 쉽게 물건을 올릴 수 있고 고정비용이

buy 내가 산 핸드메이드 소품

아프가니스탄의
컬러풀한
뱅글 팔찌
20,000원

하나뿐인
나만의 아이템을
찾아서

붉은 산호 반지
22,000원

140,000원
작가의 수제 바구니 백

22,000원
작가의 수제 등나무 뱅글 팔찌
(인스타그램 DM으로 직거래)

거의 없어서 초보자들도 이용하기 편리하다. 나도 이런 사이트에 물건을 올려 판매하기도 하고 액세서리 등을 구입하기도 한다.

중고 거래 사이트(국내에서는 당근마켓, 중고나라 등-역주)도 활용해보자. 입지 않는 옷이나 아이들 옷을 정리할 때 유용하다. 한 번 해 보니까 물건을 올리는 것도 거래하는 것도 그다지 어렵지 않았다. 사용하지 않으면서 집의 공간을 차지하고 있는 가전제품, 운동기구, 미용용품 등을 처리하면 공간도 넓어지고 돈도 벌 수 있으니 꼭 한 번 해보기 바란다.

인스타그램에서 멋진 핸드메이드 소품을 사기도 하고, 내가 올린 그림과 작품을 본 팔로워 분들이 내게 의뢰를 하는 경우도 있다. 의지만 있으면 누구나 자유롭게 사고팔 수 있다니 세상 참 좋아졌다.

Sell 내가 판 물건들

가족 그림

인스타그램에 올린 작품을 보고 마음에 든다며 주문을 의뢰하기도…

NET SHOP

언젠가 내 쇼핑몰을 만들고 싶어!

어서 오세요.

더 이상 입지 않는 옷과 구두를 가끔씩 올린다.

아이들 물품도 판다.

의욕에 불을 지피는 '구석구석 돌아보기'

시내에 나가서 볼일을 보고, 한두 시간 정도 비는 그 시간이야말로 나의 호기심에 불을 지필 기회다. 이때 내가 자주 하는 것이 바로 구석구석 돌아보기! 평소에는 다른 것을 사기 위해 그냥 지나쳤을 장소들, 즉 쇼핑센터의 수예 코너나 백화점 지하의 신선식품 매장을 구석구석 돌아본다. 이렇게 다니는 이유는 하나다. 나의 레이더망에 걸릴 새로운 아이템과의 만남을 위하여 수고를 아끼지 않는 것이다.

자주 가던 곳이라도 마치 처음 방문한 여행자처럼 천천히 걷다 보면 뭔가 관점이 달라져서 색다른 자극을 받거나 새로운 발견을 하기도 한다. '요즘에는 이런 디자인이 유행인가 보네', '들어 보기는 했는데 실물은 이렇게 크구나' 하고 다른 사람들에게 이야기해 주고 싶은 놀랄 만한 체험들을 할 수 있다.

여기서 더 나아가 이 호기심을 실제 행동으로 옮기고 싶다면 한 가지 방법이 있다. 마음에 드는 물건을 발견하면 그 자리에서 즉시 사용할 장소와 시간, 빈도까지 머릿속에서 그려 보는 것이다. 귀찮은 건 질색인 나도 일단 여기까지 성공하게 되면 확실히 의욕에 불이 붙어서 지금 바로 구입해 써 보고 싶은 욕구가 솟아난다. 뒷장에서는 최근에 '구석구석 돌아보기'를 하면서 발견한 내 마음에 쏙 들었던 아이템을 소개한다.

'가죽 전용 염료'

수없이 드나들던 곳이지만 '새로운 아이템과의 만남'을 테마로 층별 안내도를 살펴보니 눈길 한 번 주지 않았던 매장들이 수두룩하다. 시험 삼아 가죽공예 코너를 여기저기 돌아다니다가 가죽 전용 염료라는 제품을 발견했다. '초보자도 집에서 쉽게 가죽 염색을!'이라는 광고 문구에 끌려 염색해 볼 만한 물건은 없는지 기억을 더듬어 보기를 2~3분. 옷장에서 잠자고 있는 오래된 구두와 가방이 생각나서 얼른 구입했다. 결과는 대 만족. 지금 내 나이대에 딱 맞는 근사한 분위기로 변신시키는 데 성공했다.

< '구석구석 돌아보기'로 찾아낸 아이템 >

가죽 염료 → 염색해서 리폼한 제품

물을 타서 5~10배로 희석한 후 여러 차례 덧바른다.

코디가 어려웠던 베이지색 펌프스

검정색으로 염색하니 어디나 잘 어울린다.

너무 튀어서 들기 불편했던 빨간 가방

세련된 검정색으로 변신.

'시크하면서도 여성스러운 흰 셔츠'

약속시간 사이에 잠깐 생긴 여유. 멍하니 앉아서 차 한 잔 즐기는 것도 나쁘지 않지만 새로운 자극을 찾아서 지하철 역사 건물에 있는 쇼핑몰로 발걸음을 옮긴다. 예전부터 갖고 싶었지만 마음에 쏙 드는 스타일을 찾지 못해 결국 사지 못했던 흰 셔츠를 찾아 나선 것이다. 내가 좋아하는 브랜드가 따로 있어서 평소에는 정해진 매장에만 가는데 이번만큼은 털끝만한 가능성도 놓치지 않겠다는 일념으로 3층의 여성의류 코너를 샅샅이 돌아보았다. 우여곡절 끝에 '이거다!' 싶은 셔츠를 만났으니 힘들게 돌아다닌 보람이 있었다.

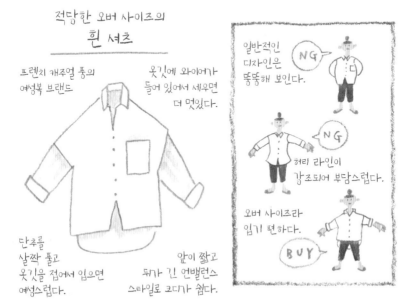

적당한 오버 사이즈의
흰 셔츠

프렌치 캐주얼 풍의
여성복 브랜드

옷깃에 와이어가
들어 있어서 세우면
더 멋있다.

단추를
살짝 풀고
옷깃을 접어서 입으면
여성스럽다.

앞이 짧고
뒤가 긴 언밸런스
스타일로 코디가 쉽다.

일반적인
디자인은
뚱뚱해 보인다.

NG

허리 라인이
강조되어 부담스럽다.

NG

오버 사이즈라
입기 편하다.

BUY

야간활동(?)을 시작하자

최근에 크게 달라진 일상 중의 하나가 밤에 자유 시간이 생겼다는 것이다. 지금까지는 저녁을 먹고 나면 소파에 앉아서 빨래를 개는 것이 일과였다. 텔레비전을 보면서 느긋하게 집안일을 하는 것도 좋지만 밖에 나가서 나만의 시간을 보내면 색다른 경험을 할 수 있다. 1년 전부터 집 근처에 있는 핫 요가에 다니고 있는데 저녁에 아이를 학원에 보낸 후, 슬슬 일어나서 자전거를 탄다. 페달을 밟으며 조용한 밤거리를 오가면 밤바람이 내 머릿속을 깨끗하게 비워주는 것 같다. 이 밖에도 어린이 이용 시간이 끝난 도서관에서 소설책 몇 페이지를 여유롭게 읽기도 하고, 한 정거장 거리의 대중목욕탕까지 걸어서 가기도 한다.

어두컴컴한 밤에 어슬렁거리다니, 예전에는 꿈도 못 꾼 일이다. 하지만 짧게는 15분 정도라도 걷고 나면 몸 전체에 혈액순환이 되는 느낌이라 기분이 좋아진다. 돌아갈 때쯤에는 적당한 피로감이 몰려와서 밤에 푹 자게 되었다. 북 카페에도 자주 들른다. 혼자 가도 어색하지 않고, 잠깐 차 한 잔 마시면서 흘러가는 시간을 여유롭게 즐길 수 있으니 첫 야간활동 장소로 추천할 만하다.

가족들이 모두 외출한 날에는 집에서 공부를 하는 것도 좋다. 워드나 엑셀, 포토샵처럼 컴퓨터에 관련된 공부만 하는 날을 하루쯤 정해 두면 어떨까 생각 중이다. 만약 여러분에게 2시간의 밤 시간이 주어진다면 무엇을 해보고 싶은가?

첫 야간활동 장소로
북카페를 추천한다.

'엄마 모임'은 인생의 동지

내가 엄마로서의 역할을 더 잘할 수 있도록 지지해주는 중요한 사람들, 바로 엄마 모임이다. '엄마 모임'이라는 호칭이 어딘가 가볍게 들리기도 하지만, 전국 각지에서 모인 사람들이 우연히 그 지역에서 또래의 아이들을 키우게 되었다는 생각을 하면 신비한 느낌도 든다. 나이도 직업도 다 다른데 이렇게 친구가 될 수 있다니 얼마나 좋은 일인가. 이제 몇 년 후면 엄마 모임을 만들 기회조차 없을 테니 더 소중하게 느껴진다. 아이들이 각기 다른 학교로 진학하면 엄마들 관계도 자연스럽게 소원해지겠지만 지금 이 순간은 이 관계를 충분히 즐기고 싶다.

다들 자전거로 이동할 수 있는 거리에 살고 있다는 점도 좋다. '우리 집에 들렀다 갈래?', '이따가 같이 점심 먹자' 하고 부담 없이 불러낼 수 있다. 서로 가족들의 사정까지 잘 아니까 요즘에는 아이 때문에 알게 된 지인이라기보다는 친척이나 동지 같다는 생각이 든다. 며칠 전에도 근처에서 같이 점심을 먹고 장소를 옮겨서 4시간이나 수다를 떨었다. 딸아이한테 "엄마가 무슨 사춘기 여고생이야?"라는 핀잔을 듣기도 했지만 서로 점잖은 척하지 않아도 되는 이 모임은 내 삶의 귀중한 활력소다. 어른이 되면 처음부터 새로운 인간관계를 만들어 간다는 것이 쉽지 않다. 그러한 와중에 인생의 어려운 시기를 함께 버텨온 동지들이 바로 엄마 모임이다. 앞으로도 내게는 변치 않을 소중한 사람들이다.

최근 대화의 중심은 같은 여자, 같은 세대인
우리만이 할 수 있는 달라진 몸 이야기, 건강 이야기

'가족 연표'를 만들어
10년 후를 설계하자

　예전부터 미래를 대비할 때는 항상 '나이 연표'라는 것을 만들어서 계획을 세웠다. 지금 내 나이를 기준으로 10년 후까지를 표로 그려서, 각각 해당하는 시기를 살아보는 기분으로 미래에는 무엇을 하고 있을지(하고 싶은지), 그것을 위해서는 어떤 것들이 필요한지를 상상하면서 표를 만들어 간다. 예를 들어 10대 때의 연표는 '28세에 결혼해서 서른에 아이를 낳고 마흔에는 잡화점을 열어야지' 하는 나의 장래 희망이 기록되어 있다. 결혼하고 나서는 가족 모두의 나이를 기록한 '가족 연표'로 바뀌었다.

　지금까지는 출산, 아이들의 진학, 남편의 이직처럼 인생의 굵직한 사건들이 있을 때마다 작성해서 인생의 흐름을 재점검하곤 했는데, 요즘 들어 부쩍 다시 써 봐야겠다는 생각이 들었다. 머지않아 찾아올 아이들의 독립, 부모님을 모시는 문제 등 새로운 사건들이 시작되고 있기 때문이다. 현재 나와 남편은 47세이니 10년 후에는 58세이고, 딸은 29세, 아들은 24세가 된다. 부모님은 84세와 80세가 되신다. 딸은 직장에 다니면서 결혼을 했을 수도 있고, 아들도 그때쯤이면 회사 생활에 적응했겠지? 연로하신 우리 부모님은 건강하시려나. 이런저런 상상을 하면서 가족 연표를 그리다 보면 조금은 준비된 상태에서 미래를 맞을 수 있지 않을까.

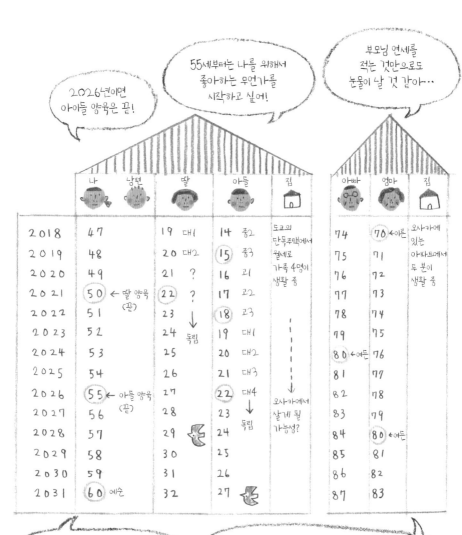

2026년이면
아이들 양육은 끝!

55세부터는 나를 위해서
좋아하는 무언가를
시작하고 싶어!

부모님 연세를
적는 것만으로도
눈물이 날 것 같아…

	나 · 남편	딸	아들	집	아빠	엄마	집
2018	47	19 대1	14 중2	도쿄의 단독주택에서 월세로 가족 4명이 생활 중	74	(70) ←이른	오사카에 있는 아파트에서 두 분이 생활 중
2019	48	20 대2	(15) 중3		75	71	
2020	49	21 ?	16 고1		76	72	
2021	(50) ← 딸 양육 (끝)	(22) ?	17 고2		77	73	
2022	51	23 ↓	(18) 고3	↓	78	74	
2023	52	24 독립	19 대1		79	75	
2024	53	25	20 대2		(80) ←여든	76	
2025	54	26	21 대3		81	77	
2026	(55) ← 아들 양육 (끝)	27	(22) 대4	오사카에서 살게 될 가능성?	82	78	
2027	56	28	23 ↓		83	79	
2028	57	29	24 독립		84	(80) ←여든	
2029	58	30	25		85	81	
2030	59	31	26		86	82	
2031	(60) 예순	32	27		87	83	

연표를 작성하면 불안했던
마음이 차분해진다.

연표를 보고 있으면 한평생 일할 수 있는
몸과 마음을 유지해야겠단 생각이 든다.

재회는 소중하다

최근에 20년 가까이 만나지 못했던 옛 친구들과 연달아 다시 만날 기회가 생겼다. 이제는 서로가 아이 맡길 이모님을 찾아 헤매지 않아도 되고, 가족들 끼니를 챙겨야 할 걱정도 없어서 홀가분한 마음으로 어려움 없이 만날 수 있었다. 다시 만나게 된 계기는 대부분 인스타그램이나 페이스북이다.

정말 신기하게도 오랫동안 만나지 않은 친구들이지만 몇 마디 대화를 주고받다 보면 금세 예전의 내 모습으로 돌아가게 된다. 함께하는 시간도 편하고 다들 다양한 경험을 해 왔기 때문에 새로운 정보나 깨달음을 얻을 때도 있다. 그리고 마치 우리들만의 정해진 구호처럼 '즐거운 50대를 보내자!'라고 입을 모아 외친다. 육아를 끝낸 친구는 이제야 찾은 자신만의 시간에 설레어 하고, 아직 아이 키우기가 한창인 친구는 '앞으로 더 열심히 해야지'라며 활기 찬 모습이다. 이혼한 친구가 '새로운 인연을 찾을 거야'라고 말하는 것을 보니 여자로서의 인생은 이제부터인 듯싶다.

오랜만의 재회는 긴장되는 순간이기도 하지만 지금까지와는 또 다른 나를 만날 수 있는 소중한 기회이기도 하다. 거의 20년을 집 안에서만 동동거렸다. 집이 아닌 다른 곳에 나의 무대를 만들어야 앞으로의 인생을 더 즐겁게 보낼 수 있다. 이제야 겨우 여유를 갖게 되지 않았나 말이다. 더 이상 나를 뒤로 미루지 말고 '나를 우선하는' 인생을 살기 위해 조금씩 준비하자.

20년 만에 만난 친구들,
만난 김에 우리 집에도 들르는 경우가 대부분이다.

◈ 당신은 언제나 옳습니다. 그대의 삶을 응원합니다. — **라의눈 출판그룹**

여자 마흔다섯 마흔아홉

초판 1쇄 2020년 12월 15일

지은이 호리카와 나미   옮긴이 서현주
펴낸이 설응도   편집주간 안은주
영업책임 민경업   디자인책임 조은교

펴낸곳 라의눈

출판등록 2014년 1월 13일(제2019-000228호)
주소 서울시 강남구 테헤란로 78길 14-12(대치동) 동영빌딩 4층
전화 02-466-1283   팩스 02-466-1301

문의 (e-mail)
편집 editor@eyeofra.co.kr
마케팅 marketing@eyeofra.co.kr
경영지원 management@eyeofra.co.kr

ISBN : 979-11-88726-68-4 03190

45SAI KARA NO JIBUN WO DAIJI NI SURU KURASHI
© NAMI HORIKAWA 2018
Originally published in Japan in 2018 by X-Knowledge Co., Ltd.
Korean translation rights arranged through AMO Agency SEOUL

Staff 디자인···미키 이치(三木俊一) | 사진···가기오카 류몬(鍵岡龍門)
• 게재된 상품은 2018년 8월 현재 기준이며, 화장품이나 영양제 등에 대한 사용 소감은 필자의 개인 의견입니다.